LA CORRUPTION ET SON IMPACT SUR LE CLIMAT DES AFFAIRES EN GUINÉE

QUELLE STRATÉGIE POUR ENRAYER CE FLÉAU

Mamoudou Montes DIAKITÉ

La corruption et son impact sur le climat des affaires en Guinée

Quelle stratégie pour enrayer ce fléau

Préface de Saikou Amadou DIALLO

L'Harmattan

5-7, rue de l'École-Polytechnique, 75005 Paris
http://www.editions-harmattan.fr
ISBN : 978-2-336-44094-1
EAN : 9782336440941

DÉDICACE

Je dédie ce travail à ma mère, **Nagnalen KOUROUMA (Nani)**, *la source de ma vie, gardienne de mon éducation. Une femme non lettrée qui a compris la valeur de l'éducation et de l'instruction, et a tenu à ce que ses enfants soient scolarisés.*

À elle le mérite de ce travail. Puisse Allah te garder encore longtemps et nous donner la possibilité de t'honorer comme tu le mérites. Amin !

SOMMAIRE

PRÉFACE

C'est avec un immense plaisir que j'ai accepté de rédiger la préface de ce magnifique ouvrage.

Le plaisir est d'autant plus grand que monsieur Diakité est un jeune cadre de l'administration guinéenne, qui s'est efforcé dans le cadre de sa formation post universitaire d'évoquer dans cet ouvrage, une vieille problématique qui est celle de la corruption dans notre société.

Comme nous le savons tous, la corruption existe sous toutes ses formes dans tous les pays du monde, mais elle est surtout exacerbée dans les pays en développement tels que le nôtre. Au vu des conséquences de la corruption et de son impact sur le développement socio-économique de notre pays, les autorités guinéennes se sont attelées à la mise en place d'un cadre légal et d'une institution dotée de tous les instruments conformément aux standards internationaux en la matière. Dans ce contexte, elles ont élaboré des stratégies en s'appropriant progressivement les instruments de lutte anti-corruption et ont surtout affiché une volonté politique inébranlable face à ce fléau.

Cet ouvrage montre le panorama du dispositif de la lutte contre la corruption en Guinée en faisant ressortir sa relation vicieuse avec les autres infractions assimilées. Il met un accent particulier sur l'impact de la corruption sur le climat des affaires en Guinée.

Avec un œil d'universitaire et de chercheur avertis, Monsieur DIAKITÉ a analysé et proposé une solution au problème de la corruption en Guinée. Le degré de réflexion est élevé, car il s'est projeté dans le futur, tout en faisant ressortir les acquis et les ratés du passé. Il propose des mécanismes innovants qui à coup sûr peuvent permettre d'améliorer le dispositif juridique de lutte contre la corruption qui, in fine permettra d'améliorer le climat des affaires en Guinée.

Je formule l'espoir que Monsieur DIAKITE soit compris et que son œuvre soit appréciée à sa juste valeur afin que ses propositions se reflètent sur le bon fonctionnement de l'administration publique garant d'un climat des affaires sain et propice pour le développement économique et l'avenir du peuple de Guinée.

Bonne lecture !

Saikou Amadou DIALLO
Secrétaire exécutif de l'Agence Nationale de Lutte contre la Corruption et de Promotion de la Bonne Gouvernance (ANLC-PBG)

LISTE DES PRINCIPALES ABRÉVIATIONS

AAACA : Association des Autorités Anti-Corruption de l'Afrique

ACAD : Académie Anti-Corruption

Al : Alinéa

ANLC : Agence Nationale de Lutte contre la Corruption et de Promotion de Bonne Gouvernance

APIP : Agence pour la Promotion des Investissements privés

Art. : Article

CERAG : Centre d'Études de Recherche-Action sur la Gouvernance

CENTIF : Cellule nationale de Traitement informatique et financier

CNLC : Comité national de lutte contre la corruption

CNUCC : Convention des Nations unies contre la corruption

CPG : Code pénal guinéen

CUACC : Convention de l'union africaine sur la prévention et la lutte contre la corruption

CRIEF : Cour de Répression des Infractions économiques et financières

HASIGUI : hôpital de l'amitié sino-guinéen

INCG : Indice national de Corruption et de Gouvernance

ITIE : Initiative pour la Transparence dans les Industries extractives

LAC : Loi Anti-Corruption

LBC/FT : Lutte contre le blanchiment de capitaux et le financement du terrorisme

LORF : Loi organique relative aux lois de finances

MCC : Millenium Challenge Corporation

OSC : organisations de la société civile

OSIWA: Open Society Initiative for West Africa

OLC : organisme de lutte contre la corruption

ONU : Organisation des Nations Unies

PPP : Partenariat public privé

PNUCID : Programme des Nations unies pour le contrôle international des drogues

PRMP : La Personne Responsable des Marchés Publics

RCCM : Registre de Commerce et de Crédit mobilier

RGGBCP : Règlement général sur la Gestion budgétaire et la Comptabilité publique

RINLCAO : Réseau des Institutions Nationales de Lutte contre la Corruption de l'Afrique de l'Ouest

SAF : Service administratif et financier

UA : Union africaine

INTRODUCTION GÉNÉRALE

1. La corruption est un phénomène très répandu de nos jours, bien que le degré de sa propagation varie d'un pays à un autre. Il est aujourd'hui incontestable de remarquer que les effets de cette pratique sont dévastateurs ; nombreux scandales liés à la corruption défraient la chronique partout dans le monde[1]. On pourrait même se demander si l'être humain ne porte pas le germe de la corruption en lui, tellement qu'il est porté à se prêter à cette besogne. Aucun pays n'est totalement à l'abri de ce fléau, des plus développés aux moins développés, des plus riches aux plus pauvres, le phénomène est présent partout. Mais l'ampleur du fléau de la corruption diffère selon les pays, l'impact qu'il peut avoir dans un pays ne peut être forcément équivalent à celui d'un autre selon que le pays est riche ou pauvre, grand ou petit, démocratique ou absolutiste. La corruption freine le décollage économique des pays moins développés et les maintient dans une situation de pauvreté ambiante et permanente, de misère endémique. La corruption est la première cause qui freine le développement économique et social dans le monde[2], elle coûte à l'économie mondiale plus de mille (1000) milliards de dollars par an sous forme de pots-de-vin[3].

[1] Roux, Adrien. Introduction : mondialisation de la corruption, lutte inégale. In DUTEIL Giles ; SGONDS, Marc. La corruption : aspects actuels et de droit comparé. Toulouse, Érès, 2014, p. 7

[2] Chambre de commerce internationale et al., "Clean business is good business" (2008). Accessible (en anglais uniquement) à l'adresse : www.unglobalcompact.org/docs/issues_doc/Anti-Corruption/clean_business_is_good_business.pdf.

[3] Banque mondiale, "Le coût de la corruption : Six questions posées à Monsieur Daniel Kaufmann, Directeur du programme gouvernance,

Aucun comportement n'a d'effet économique aussi nocif sur l'intérêt public que la corruption. C'est pourquoi il nous paraît utile de contribuer à la compréhension de ce fléau et à son éradication pour notre bénéfice à tous, d'autant plus qu'elle porte un coup d'arrêt à l'aspiration légitime de tout peuple à accéder effectivement au bonheur.

2. Le mot corruption est dérivé du latin *corruptus,* qui a comme premier sens, cassé en pièces, mais il peut aussi signifier pourri et putride[4]. La corruption est selon le lexique des termes juridiques, un comportement pénalement incriminé par lequel sont sollicités, agréés ou reçus des offres, promesses, dons ou présents, à des fins d'accomplissement ou d'abstention d'un acte, d'obtention de faveurs ou d'avantages particuliers. C'est un agissement par lequel une personne investie d'une fonction déterminée, publique ou privée, sollicite ou accepte un don, une offre ou une promesse en vue d'accomplir un acte entrant dans le champ de ses fonctions[5]. Pour l'Académie française, la corruption serait une altération de la substance d'une chose et la putréfaction qui en résulte. Il se dit figurément de toute altération dans les mœurs, dans le langage, le goût. Il se dit aussi des moyens que l'on emploie pour détourner quelqu'un de son devoir, pour l'engager à faire quelque chose contre l'honneur, contre sa conscience »[6].

Institut de la Banque mondiale." Accessible à l'adresse : http://go.worldbank.org/ 10B4SFUBF0.

4 Corruption : http:/pt.wikipedia.org/wiki/corrup%C3%A7%C3%Ao pol%C3%Adtica. Disponible le 27 aout 2006

5 Droit pénal spécial, JEAN PRADEL et MICHEL DANTI-JUAN, P.716

6 Édition 1932-1935

3. Mais *« Les définitions sont des flacons bien incommodes ! Tantôt l'essence qu'on prétend y isoler en déborde, et tantôt elle n'en occupe que le fond, où elle ne tarde pas à s'éventer. »*[7] C'est pour pallier cette difficulté que le législateur guinéen, à l'article 771 du CPG[8] ne le définit pas en des termes clairs, il se contente de décrire les actes et comportements constitutifs de l'infraction de corruption. Pour la loi L/2017/041/AN du 4 juillet 2017 portant prévention, détection et répression de la corruption et des infractions assimilées[9], plus ambitieuses et plus entreprenantes, le législateur la définit en son article 3 comme étant *« le résultat des moyens utilisés et des actions tendant à détourner quelqu'un de ses devoirs pour le déterminer à accomplir ou à s'abstenir d'accomplir un acte de sa fonction, moyennant un avantage indu ou un enrichissement illicite. Elle est aussi l'utilisation des pouvoirs que confère une charge publique pour en tirer des avantages personnels. Elle est caractérisée par les agissements soit du corrompu, soit du corrupteur, soit des deux. »*

4.Pour la Banque mondiale : *« la corruption est le fait d'utiliser sa position de responsable d'un service public à son bénéfice personnel. »*

Quant à la banque asiatique de développement, c'est : « *Tout comportement par lequel les agents du secteur public et privé obtiennent un enrichissement impropre et illicite qu'il soit personnel ou à l'avantage de relations, ou qu'ils le provoquent en profitant de leur position. »*

---

[7] Jean Hubert Dutourd, écrivain et philosophe français, né le 14 janvier 1920 et mort le 17 janvier 2011.

[8] Article 771 du Code pénal.

[9] La loi L/2017/041/AN du 04 juillet 2017 portant prévention, détection et répression de la corruption et des infractions assimilées.

5. Pour Kofi Annan[10] : *« La corruption est un mal insidieux dont les effets sont aussi multiples que délétères. Elle sape la démocratie et l'état de droit, entraîne des violations des droits de l'homme, fausse le jeu des marchés, nuit à la qualité de la vie et crée un terrain propice à la criminalité organisée, au terrorisme et à d'autres phénomènes qui menacent l'humanité. »*

6. C'est une pratique pernicieuse, insidieuse et subtile qui s'étend comme une traînée de poudre faute d'une réelle lutte, et met à genoux tout un système de gouvernance, une institution ou un pays ; c'est pour cette raison que le titre qui la traite dans le CPG[11] porte sur les atteintes aux intérêts publics, cela démontre ses méfaits sur la stabilité d'un pays. Le mot *corruption* est une expression polysémique, en ce sens qu'il renferme plusieurs significations de plusieurs natures. En philosophie, le traité aristotélicien '*'De la génération et de la corruption*''[12] estime que cette dernière constitue une des qualités fondamentales des êtres qui évoluent dans le monde sublunaire, donc loin de toute considération morale, notre monde selon cette pensée philosophique, est corrompu, c'est-à-dire condamné à la corruption, à la destruction, à périr. Avec des comportements d'atteintes sexuelles, s'ajoutent d'autres de caractère moral, commercial ou fonctionnel. La corruption n'est évidemment pas un concept exclusivement juridique, c'est un objet qui varie selon l'approche qui lui est donnée par l'observateur qui le retient[13]. En droit, le mot ne définit

---

[10] Koffi Annan, homme d'Etat de nationalité ghanéenne, ancien secrétaire général de l'Organisation des Nations Unies.

[11] Code pénal guinéen.

[12] De la génération et de la corruption, Platon, Traduction de Charles MUGLER, les belles lettres, Paris, 1966

[13] SOUZA, Artur de Brito Gueiros. Breves consideraçaos sobre a corrupçao em transaçaos commerciais internacionais. In JAPIASSÙ,

pas toujours la même infraction selon les pays, par exemple en France ou en Guinée, elle peut être comprise par le fait d'échanger une action ou une omission contre un avantage indu au nom d'un organisme public ou privé ; or aux États-Unis, la notion de corruption recouvre toutes les formes d'abus de pouvoir[14]

7. Avec son caractère nuisible pour le monde des affaires, peut-on affirmer que la corruption constitue le plus grand obstacle pour l'épanouissement du climat des affaires dans notre pays, par conséquent à son développement ? Dans l'affirmative, quels pourraient être les moyens de lutte contre ce fléau ?

8. Convaincu de la réponse positive à ces questions nous entendons en faire la démonstration dans cette étude, l'objet de ce livre. À travers notre démarche principalement analytique, nous essaierons de jeter une lumière sur cette notion de corruption qui, en apparence peut paraître simple (grâce au fait que chacun a ou presque à une idée sur ce que peut être la corruption), mais qui en fait est tout aussi complexe que difficile à circonscrire à cause des multiples implications que peut avoir son étude, notamment en lien avec d'autres disciplines juridiques (droit pénal spécial, droit pénal des affaires). Compte tenu de la nature du sujet et la préoccupation internationale qui entoure la lutte pour son éradication, nous userons dans une certaine mesure de la démarche empirique et comparative, car les éléments de recherche tendant à sa compréhension sont tout aussi variés qu'ils proviennent de multiples systèmes juridiques et méthodologiques.

Carlos Eduardo Adriano (org.). Direito penal internacional, estrangeiro e comparado. Rio de Janeiro : Lumen Juris, 2007, p. 1.

[14] DÔLING, Dieter. Informe general. Revue internationale de droit pénal. Toulouse Érès, 74ème année, 2003, ½, p. 53.

9. Dans cette étude, nous essaierons de traiter dans une large mesure la notion de corruption, ainsi que des infractions assimilées, sans occulter son impact sur le climat des affaires en Guinée, tout en faisant le point sur les moyens actuels de lutte contre ce fléau, pour autant, nous ferons preuve de prudence de ne pas toucher toutes les infractions classées à la même enseigne que la corruption, mais dont l'autonomie rend toute association inopportune telle que le blanchiment de capitaux et le financement du terrorisme[15], de la concussion et d'autres infractions portant atteinte aux intérêts publics[16] selon notre schéma de réflexion.

10. Dans l'optique de ratisser large, notre travail sera axé sur deux parties substantielles qui sont : la notion de corruption et les infractions voisines **(Première Partie)**, et l'impact de la corruption sur le climat des affaires ainsi que les moyens actuels de lutte pour y faire face **(Deuxième Partie),** de telle sorte qu'après cette étude, nos lecteurs soient en mesure de retenir les éléments de compréhension de cette infraction ainsi que les moyens actuels de lutte contre elle, in fine, les mesures futures à adopter pour renforcer la lutte contre le mal commun de la corruption **(Troisième Partie)**.

---

[15] Loi L/2021/024/AN du 17 août 2021 portant lutte contre le blanchiment de capitaux et le financement du terrorisme.

[16] Code pénal guinéen, livre iii : des crimes et délits contre les biens, titre v : des atteintes aux intérêts publics

PREMIÈRE PARTIE :

LA CORRUPTION ET LES INFRACTIONS VOISINES

11. Perçu comme une infraction centrale du droit pénal des affaires, la corruption a l'apparence de la simplicité *prima facie* car, chacun a une image visuelle de ce que cela peut vouloir dire (on pense tout de suite à ce policier qui soudoie un conducteur). Sauf qu'en réalité, la lutte croissante contre la corruption menée par la plupart des gouvernements en Afrique[17], du moins en apparence et dans le monde[18], ainsi l'adoption des instruments et organismes de lutte de plus en plus spécifiques, n'ont fait qu'étendre le champ d'application de cette infraction, d'où sa complexité.

12. Pour lever le mystère sur cette infraction, notre analyse portera d'abord sur la corruption, comme une infraction autonome au regard du Code pénal guinéen **(Chapitre I),** puis sur la corruption, une infraction aux embranchements multiples au regard de la loi anti-corruption **(Chapitre II).**

---

[17] Convention de l'Union Africaine contre la corruption

[18] Convention des Nations Unies contre la corruption

CHAPITRE I :

La corruption, une infraction autonome et simple au regard du Code pénal guinéen

13. Malgré la spécialisation croissante et les organismes de plus en plus nombreux de lutte contre la corruption, elle reste cependant une infraction de droit commun qui, prise isolément est autonome et ne se dissout pas dans la multitude d'infractions auxquelles on pourrait l'assimiler. C'est pourquoi dans les lignes qui suivent, nous traiterons la corruption comme une notion du droit pénal classique **(Section I),** avant de nous pencher sur sa répression en cette considération **(Section II)**.

SECTION I : La corruption, une notion du droit pénal classique

14. Classée parmi les infractions qualifiées d'atteintes aux intérêts publics, la corruption est une infraction classique, déjà dans l'ancien Code pénal guinéen[19], elle était réprimée, même si le traitement qui lui était réservé a évolué depuis les différentes réformes intervenues. Le nouveau CPG[20] lui réserve une place de choix dans un chapitre[21] entier en association à d'autres infractions de

[19] Loi n°98/036 du 31 décembre 1998 portant Code pénal

[20] Loi n° 2016/059/AN, du 26 octobre 2016 portant Code pénal

[21] CHAPITRE II du Code pénal guinéen : DE LA CORRUPTION ET DES INFRACTIONS ASSIMILÉES

même nature. Dans cette section, nous allons nous focaliser d'abord sur la typologie de l'infraction de corruption (**Paragraphe I**), ensuite les éléments constitutifs de la corruption (**Paragraphe II**)

PARAGRAPHE I : LA TYPOLOGIE DE L'INFRACTION DE CORRUPTION

15. La corruption est une atteinte grave au devoir de probité, car il implique pour son auteur de passer outre les règles auxquelles sont soumis tous les usagers et agents d'un service (public ou privé), pour se créer un statut de « *super privilégié* », enfreignant les codes de bonnes conduites dudit service. Dans la consommation de l'infraction de corruption, il faut nécessairement deux acteurs ou tout au plus, deux groupes d'acteurs : corrupteur et/ou corrompu. Les deux catégories n'ont pas le même statut : quand la corruption est à l'initiative de l'agent, c'est-à-dire une personne investie d'une fonction déterminée (publique ou privée), on parle alors de corruption passive **(A),** mais quand la proposition du comportement visant à obtenir une satisfaction indue émane de l'usager du service, on parle alors de corruption active **(B)**. C'est pourquoi il convient de les analyser séparément.

A-LA CORRUPTION PASSIVE

16. Conformément aux dispositions des articles 771-2 et 777-2 du CPG, « *le fait pour un agent public de solliciter ou d'accepter, directement ou indirectement, un avantage indu, pour lui-même ou pour une autre personne ou entité afin d'accomplir ou de s'abstenir d'accomplir un acte dans l'exercice de ses fonctions officielles.* » Et, « *le fait pour toute personne qui dirige une entité du secteur*

privé ou travaille pour une telle entité, en quelque qualité que ce soit, de solliciter ou d'accepter, directement ou indirectement, un avantage indu, pour elle-même ou pour une autre personne afin d'accomplir ou de s'abstenir d'accomplir un acte en violation de ses devoirs ».

17. Que ce soit dans le secteur public ou dans le secteur privé, le procédé reste le même : c'est l'agent exerçant le service, investi de cette fonction qui est à l'initiative du délit de corruption, il sollicite ou accepte une telle offre ou promesse, par cupidité, faiblesse ou par un intérêt quelconque. Il porte alors le qualificatif de corrompu en raison de son comportement délictueux ou de son incapacité à rejeter une offre ou promesse de laquelle il pourrait être bénéficiaire d'un avantage matériel ou immatériel, immédiat ou lointain ou même hypothétique. Voyons à présent la corruption active (B).

B-LA CORRUPTION ACTIVE

18. Conformément aux dispositions des articles 771-1 et 777-1 du CPG, « *Le fait par quiconque, de promettre, d'offrir ou d'accorder à un agent public, directement ou indirectement, un avantage indu pour lui-même ou pour une autre personne ou entité afin qu'il accomplisse ou s'abstienne d'accomplir un acte dans l'exercice de ses fonctions officielles ;* », « *le fait de promettre, d'offrir ou d'accorder, directement ou indirectement, un avantage indu à toute personne qui dirige une entité de secteur privé ou travaille pour une telle entité, en quelque qualité que ce soit, pour elle-même ou pour une autre personne, afin que, en violation de ses devoirs, elle accomplisse ou s'abstienne d'accomplir un acte ;* »

19. Comme dans l'hypothèse de la corruption passive, la situation concerne les agents des services publics et privés. L'infraction désigne les actes accomplis par un tiers qui tente de s'offrir en contrepartie d'un don, d'une promesse ou d'un avantage quelconque, les services d'une personne investie d'une fonction (publique ou privée) de manière irrégulière, on parle alors de corrupteur. Dans la corruption active, on trouve les mêmes procédés qui ont été expliqués à propos de la corruption passive. Il s'agit des avantages indus (promesses, offres, dons, et présents). L'auteur de la corruption active doit avoir agi en toute connaissance de cause.

20. Dans les deux cas, il importe peu selon les articles 771 et 777 du Code pénal que la corruption ait ou non produit son effet escompté. L'offre faite à un agent public ou privé ou la demande faite par lui constitue le délit de corruption même si cette offre n'est pas agréée ou ne produit guère l'effet recherché.

21. L'acte peut consister en un comportement actif (accomplir), ou un comportement passif (s'abstenir d'accomplir). Il faut alors retenir que la corruption passive et la corruption active constituent deux infractions distinctes[22], même si les auteurs diffèrent, d'où la nécessité d'analyser les éléments constitutifs **(Paragraphe II).**

PARAGRAPHE II : LES ÉLÉMENTS CONSTITUTIFS DE LA CORRUPTION

22. Que ce soit la corruption passive ou active, les deux ont en commun des éléments constitutifs qui les

[22] Crim., 4 novembre 1948, B.C., n° 250

caractérisent. Il s'agit de déterminer les personnes assujetties à l'infraction de corruption, de l'existence d'un pacte corrupteur **(A),** des moyens utilisés et le but ainsi que l'intention coupable **(B).**

À- LA DÉTERMINATION DES PERSONNES ASSUJETTIES À L'INFRACTION DE CORRUPTION, ET L'EXISTENCE D'UN PACTE CORRUPTEUR

a) La détermination des personnes assujetties

23. La loi[23] vise dans l'incrimination de la corruption trois catégories de personnes :

1- Les personnes dépositaires de l'autorité publique

24. Il s'agit de toute personne chargée d'une mission de service public ou investie d'un mandat public ou électif. Ce sont à la fois des agents régis par la loi sur la fonction publique[24], ainsi que les agents régis par des textes spéciaux. Ainsi, sont concernés par le CPG : officiers et agents de police, de la gendarmerie, de la douane, des fonctionnaires de l'administration civiles, des agents des collectivités locales, des députés, des militaires, etc. Ces personnes ne sont concernées que par la corruption passive.

2- Les personnes assurant l'exercice d'une fonction privée

25. Longtemps ignoré par la législation pénale, ou du moins réduit à la corruption du salarié, le CPG accorde une place de choix au secteur privé. Généralisée et adaptée au Droit commun, la corruption dans le secteur privé vise toute personne exerçant une fonction déterminée dans le secteur privé (banques, sociétés de télécommunication, médias privés, cabinet d'avocats, etc.).

---

[23] Loi n°2016/059/AN portant Code pénal : article 771 et 777

[24] La loi L2019/0027/AN/ statut général des agents de l'État

3-Les usagers de services publics ou privés

26. Il s'agit de toute personne extérieure à un service public ou privé, qui sollicite obtenir par les moyens frauduleux un avantage quelconque de la part d'un agent de ces deux services. Il peut s'agir d'une personne physique ou morale, d'où la possibilité pour une société de se rendre coupable de corruption active. Dans ce cas, on ne parlera que de corruption active.

b) La conclusion d'un pacte corrupteur

27. Dans tous les cas de corruption, le procédé est le même : le corrompu et le corrupteur concluent toujours un pacte qui détermine les conditions de réalisation de la corruption et les avantages auxquels pourrait s'attendre le corrompu ainsi que le corrupteur. Pour la détermination de la corruption, on recherche toujours ce pacte qui peut être conclu par la promesse et l'acceptation de cette même promesse. Le simple fait d''envisager le délit suffit à le caractériser, que la partie auprès de laquelle la demande est faite l'accepte ou pas.

B- LES MOYENS UTILISÉS ET LE BUT AINSI QUE L'INTENTION COUPABLE

a) Les moyens de l'infraction :

28. Ils consistent en la sollicitation ou la réception directe ou indirecte des avantages indus (offres, promesses, dons et présents) qui constituent les moyens de l'infraction. **Ex. :** le fait de solliciter de l'argent liquide, des objets précieux, une opération bancaire, une addition de restaurant, etc.

29. On pourrait s'interroger sur la possibilité d'appliquer le texte aux avantages moraux.

À propos de cette question, la jurisprudence[25] a longtemps considéré que seuls les avantages matériels sont visés par la loi. Cette position de la jurisprudence est contestée par la doctrine[26], on lui reproche d'avoir amputé du domaine du délit, les avantages moraux et de retenir une interprétation qui n'est nullement imposée par le texte. Les réformes intervenues, ainsi qu'une évolution jurisprudentielle, la notion d'avantage s'étend désormais aux avantages non matériels ; ainsi la promesse d'une faveur sexuelle[27] peut être constitutive de délit de corruption.

30. Il faut préciser que la corruption est punissable même si la demande est postérieure à l'acte, objet de corruption ou l'abstention. Un cadeau reçu ou envoyé après la réalisation de l'acte ou de l'abstention peut être considéré comme de la corruption[28].

b) Le but de l'infraction ainsi que l'intention coupable

1-Le but de la corruption

31. La corruption a pour but, l'obtention de la part du corrompu, l'accomplissement ou l'abstention dans la commission d'un acte de sa fonction en contrepartie des versements effectués par le corrupteur ou un avantage quelconque. Un lien de causalité direct et certain doit être établi entre cet acte et l'offre ou la promesse antérieure ou la rémunération postérieure. La participation du corrompu se traduira la plupart du temps par l'accomplissement d'un acte positif (abattement sur les revenus imposables

[25] Crim. 06 Février 1988, Bull criminel et Crim. 14 Octobre, 1975, Bull criminel

[26] (Wilfried Jean Didier) DPA, Dalloz 1992.

[27] Tib. Enf., Sarreguemines, 11 mai 1967, J C P., 1968.II.15359, note Signalas ; RSC, 1968.329, obs. A Vitu.

[28] Crim.14 Novembre 1986 RSC (Revue des sciences criminelles) 1987. P. 645.

consenti par un inspecteur des impôts, renseignements fournis par un policier, tirer une personne dans le fil d'attente et le servir au détriment d'autres personnes mieux placées...). Mais, l'article 771 du CPG incrimine aussi l'abstention qui consiste, par exemple, pour une personne habilitée à dresser un procès-verbal de l'infraction qu'elle a constatée, à ne pas le faire, un officier de police judiciaire qui s'abstient de déférer un suspect alors que tous les éléments l'incriminent.

2- L'intention coupable

32. L'agent public doit agir en toute connaissance de cause. Dans le cadre de la corruption passive, la preuve de l'intention nuisible du coupable n'est pas difficile à établir, car, c'est l'agent public qui prend l'initiative ici. Ce délit est donc réalisé même lorsque l'agent public accepte d'accomplir un acte entrant dans sa fonction et qu'il s'abstient de tenir sa promesse ou en est empêché par des circonstances indépendantes de sa volonté.

33. Dans la corruption active, l'existence de l'intention coupable est établie quand l'usager du service sollicite de l'agent, l'accomplissement d'un acte de sa fonction ou son abstention à le faire, en contrepartie d'un avantage quelconque, direct ou indirect, actuel ou futur, certain ou hypothétique, matériel ou moral. Penchons-nous à présent sur le régime juridique de la corruption ainsi que sa répression **(Section II)**

SECTION II : le régime juridique et la répression de la corruption classique au regard du Code pénal

34. La corruption de par son caractère spécifique, présente nécessairement un régime juridique particulier, c'est tout l'intérêt de cette section qui s'accentue sur le

régime juridique de la corruption **(Paragraphe I),** mais aussi sur la répression de la corruption **(Paragraphe II).**

PARAGRAPHE II : LE RÉGIME JURIDIQUE DE LA CORRUPTION

35. La corruption est une infraction qui présente une certaine originalité en droit pénal des affaires, de par son effet extrêmement pervers sur la dynamique évolutive d'un pays, sa progression galopante dans des systèmes de gouvernance moins démocratiques et pauvres ; les auteurs de cette infraction développent tous les jours de nouvelles méthodes et techniques pour parvenir à leurs fins. C'est pourquoi le droit s'adapte constamment aux comportements des délinquants pour rendre efficaces les moyens de lutte. C'est pourquoi la corruption présente une certaine spécificité **(A),** ce qui rend assez originale la mise en œuvre de l'action publique qui peut en découler **(B).**

À- LES SPÉCIFICITÉS DE LA CORRUPTION

36. Dans la compréhension de l'infraction de la corruption, il y a diverses particularités à signaler notamment en matière de tentative **(a)** et de prescription **(b).**

a) La tentative

37. En matière de corruption, la tentative n'est pas punissable. L'incrimination de la tentative n'aurait aucun sens, dans la mesure où l'infraction est considérée comme consommée par le seul fait de solliciter une contrepartie en échange d'un service (en ce qui concerne la corruption passive) ou de faire des propositions à un agent d'un service public ou privé (en ce qui concerne la corruption active), quel que soit l'issue de cette offre.

b) La prescription

38. En matière de corruption, le délai de prescription commence à courir à partir de la remise de la chose[29] si l'objet de la corruption porte une chose matérielle. La jurisprudence ajoute que si l'infraction est constituée par l'intention ou la remise, le délai de prescription se renouvelle à chaque fois que le pacte corrupteur se répète, à chaque fois qu'il y a une nouvelle perception du fruit de la corruption.[30] Elle ajoute également que lorsque se succèdent l'émission d'une demande ou d'une offre de contrepartie, l'acceptation de celle-ci et, le cas échéant, le versement de la contrepartie convenue, le point de départ de la prescription coïncide avec chacune des étapes considérées, aux motifs que l'on est en présence de "délits successifs qui se sont renouvelés aussi longtemps qu'a existé le concert frauduleux"[31].

---

[29] Crim., 13 décembre 1972, N.C., n° 391

[30] Crim., 27 octobre 1997, B.C., n° 352 ;

[31] (Cass. Crim., 6 février 1969) « ..., "en ce que, d'autre part, l'arrêt attaqué s'est refusé à déclarer éteinte par la prescription triennale l'action publique intentée plus de trois ans après la date à laquelle a été accompli l'acte incriminé ; " "alors qu'il est de principe que la prescription triennale court du jour ou le délit a été consommé ; qu'en outre, aux termes d'une jurisprudence constante, le délit de corruption est un délit instantané qui se trouve consommé par la conclusion du pacte incrimine entre le corrupteur et le corrompu, sans qu'il y ait lieu de tenir compte des actes d'exécution ; Attendu, d'autre part, qu'à juste titre également l'arrêt a déclaré que les délits reprochent au demandeur n'étaient pas atteints par la prescription triennale ; Qu'en effet, il résulte du jugement que x.... a reçu, de 1962 à 1965, soit moins de trois ans avant la date du réquisitoire introductif, des sommes d'argent pour accomplir, durant cette période, les actes qui lui sont reprochés ; Qu'ainsi ont été commis des délits successifs qui se sont renouvelés aussi longtemps qu'a existé le concert frauduleux liant y.... au demandeur, qu'il s'ensuit que la condamnation prononcée entre ce dernier du chef de corruption de fonctionnaire étant légalement justifiée, le moyen ne saurait être accueilli ; Et attendu que l'arrêt est régulier en la forme ; Rejette le pourvoi »

39. Ce qui repousse le délai de corruption et donne plus de marge de manœuvre à la justice de sévir.

40. Il faut rappeler que la corruption est soumise sous le régime de l'imprescriptibilité conformément à l'article 9 de la loi anti-corruption qui dispose que : *« la corruption et les infractions assimilées prévues dans la présente loi sont imprescriptibles. »*

B- ACTION CIVILE

41. Dans l'exercice de l'action civile, la jurisprudence admet trois hypothèses :

42. **a)** D'abord, la Cour de cassation française admet que le délit de corruption passive est *« institué principalement en vue de l'intérêt général, tend également à la protection des particuliers »*. C'est pour cette raison que la personne qui se sent obligée de céder à la demande d'un agent de service ou sans être forcée, a cédé à la demande du fonctionnaire sans l'avoir provoqué[32], subit un préjudice de ce fait et serait donc fondé d'exiger réparation de ce préjudice. Dans cette hypothèse, l'usager est en position de grande fragilité, de faiblesse ;

43. **b)** Ensuite, une personne morale de droit privé peut se porter partie civile[33] dans le préjudice subi par le fait d'un de ces préposés ;

44. **c)** Enfin, les collectivités locales et l'État peuvent également se constituer partie civile, pour les collectivités contre son Maire condamné pour corruption entachant

---

[32] Crim., 1er décembre 1992, Dr pénal, 1993, comm. 126.

[33] Crim. 4 févr. 1997, Bull. crim. N° 45 : fédération sportive dans l'affaire OM c/ Valenciennes.

ainsi sa notoriété[34], et pour l'État du fait des agissements de ses agents condamnés pour corruption, une condamnation qui jette le discrédit sur l'ensemble de la fonction publique[35].

PARAGRAPHE II : LA RÉPRESSION DE LA CORRUPTION

45. La peine prévue pour la répression de la corruption varie selon qu'elle implique un agent public **(A)** ou un agent privé **(B)**. La loi est indifférente dans la fixation de la peine entre la corruption passive et active, la différence s'opère dans la détermination de l'agent impliqué, qu'il soit à l'origine de l'initiative ou l'inverse.

À- LA RÉPRESSION DES FAITS DE CORRUPTION IMPLIQUANT UN AGENT PUBLIC

46. Agent public est l'expression générique désignant tout collaborateur d'un service public, le plus souvent administratif, associé pour une certaine durée à l'exécution directe de l'activité spécifique de celui-ci et relevant à ce titre du droit administratif[36]. Les actes de corruption impliquant un agent public est puni conformément aux dispositions de l'article 771 du CPG qui disposent : *« est puni d'un emprisonnement de 3 à 10 ans et d'une amende de 5.000.000 à 10.000.000 de francs guinéens[37]. »* Voyons à présent le sort réservé à l'acte de corruption impliquant un agent privé **(B).**

---

[34] Crim., 14 mars 2007, 288 ; Dr pénal, 2007, n° 85, obs. veron, pour la ville de Cannes, atteinte grave à la notoriété de cette ville mondialement connue.

[35] Crim 10 mars 2004, B.C., n° 64 ;

[36] Lexique des termes juridiques

[37] Code pénal guinéen

B- LA RÉPRESSION DES FAITS DE CORRUPTION IMPLIQUANT UN AGENT PRIVÉ

47. Un agent privé est un collaborateur d'un service privé associé à un service donné pendant une certaine période. Cette définition couvre toute personne exerçant un service destiné au public autre que celui offert par l'administration publique, les collectivités locales ou les établissements publics à caractère industriel et commercial. Les actes de corruption impliquant un agent public est puni conformément aux dispositions de l'article 777 du CPG qui disposent : « *est puni d'un emprisonnement de 3 à 5 ans et d'une amende de 5.000.000 à 10.000.000 de francs guinéens*[38] ».

48. L'une des particularités de l'infraction de corruption est le fait que dans la répression, le juge n'a pas le choix entre la condamnation à une peine d'emprisonnement et la condamnation à une peine d'amende comme c'est le cas pour la plupart des infractions de droit commun où la condamnation à l'emprisonnement ou au paiement de l'amende est du choix du juge, dans le cas d'espèce, il applique les deux condamnations (emprisonnement et amende) cumulativement et de manière impérative.

[38] Code pénal guinéen

CHAPITRE II :

La corruption, une infraction aux embranchements multiples au regard de la loi anti-corruption[39]

49. Véritable fléau des temps modernes, la corruption se présente comme le plus grand mal de notre époque, tant son impact pèse sur les différentes économies du monde et encore pire sur celles des pays en voie de développement. Raison pour laquelle beaucoup de pays tentent aujourd'hui des réformes permettant de lutter efficacement contre cette infraction pour le moins insidieuse, notamment par l'élaboration de textes spécifiques, couvrant plusieurs infractions assimilées, étendant ainsi son champ d'application par la création d'organes spécialisés de lutte contre la corruption. La Guinée n'échappe pas à cette règle, en adoptant la loi **L/2017/041/AN du 04 juillet 2017** portant prévention, détection et répression de la corruption et des infractions assimilées comme loi spéciale de lutte contre la corruption, elle manifeste sa volonté, du moins en théorie, de faire de la lutte contre la corruption une priorité. Si l'infraction de corruption présente une certaine autonomie en droit pénal classique, elle ne s'isole pas dans la chaîne pénale, nombreux sont les comportements qui se voient aujourd'hui assimilés à cette infraction et donc punis suivant les mêmes règles.

[39] La loi L/2017/041/AN du 04 juillet 2017 portant prévention, détection et répression de la corruption et des infractions assimilées déjà cité.

50. Pour mieux cerner cette nuance qui s'apparente à de la confusion, nous allons analyser dans ce chapitre, une multitude d'infractions assimilées à la corruption **(Section I)**, mais aussi ce qui se révèle être une convergence de vue dans la répression des infractions assimilées à la corruption **(Section II).**

SECTION I : Une multitude d'infractions assimilées àla corruption

51. De par son caractère parfois insaisissable, la corruption peut se dissimuler dans des comportements parfois surprenants, tant les candidats à la commission de cette infraction peuvent se montrer inventifs, que l'appareil répressif doit s'adapter en conséquence pour garder un coup d'avance sur les prévaricateurs. C'est pourquoi, dans cette loi spéciale[40], le législateur essaie de ratisser large. Pour comprendre cette ingénierie méthodique dans la lutte contre la corruption, nous verrons dans cette section, de multiples atteintes aux biens et objets publics ou privés **(Paragraphe I),** avant d'analyser la sensibilité de la part d'agents publics à la générosité douteuse (sollicitation ou acceptation de cadeaux) **(Paragraphe II).**

PARAGRAPHE I : MULTIPLES ATTEINTES AUX BIENS ET OBJETS PUBLICS OU PRIVÉS

52. La volonté de protéger des biens et objets publics et privés **(A)**, a conduit à une assimilation de plusieurs infractions à la corruption de par leurs effets **(B)**

[40] La loi L/2017/041/AN du 04 juillet 2017 portant prévention, détection et répression de la corruption et des infractions assimilées déjà cité.

À- LA NÉCESSITÉ DE PROTÉGER DES BIENS ET OBJETS PUBLICS ET PRIVÉS

53. **a)** L'État en tant que personne morale de Droit public, dispose des moyens importants pour mener à bien sa mission qui va de la protection de son intégrité en tant que pays, au bien-être de ses citoyens qui demande la réalisation d'infrastructures importantes, nécessitant de sommes faramineuses. Les agents qui manipulent ces fonds sont souvent tentés de se laisser entraîner dans la spirale de la corruption et autres comportements malveillants qui mettent en péril les chances de l'État de remplir correctement sa mission régalienne.

54. Ainsi que le dispose l'article 764 du Code pénal : *« Ont le caractère de deniers publics, les fonds, pièces, monnaies, valeurs fiduciaires et, d'une façon générale, tous titres ou objets mobiliers appartenant à l'État, à une région administrative, à une préfecture, à toute collectivité publique ou à tout organisme à caractère social ou autre créé ou subventionné par les autorités publiques ou administratives »,* la protection s'étend sur l'ensemble des biens et objets publics.

55. **b)** Cette protection vise également les biens et objets privés car, l'État a pour vocation de protéger tous les intérêts, y compris ceux privés. C'est pourquoi la loi réprime autant la corruption dans le secteur public que dans le secteur privé ; dans cette lutte hybride, le législateur ratisse large pour mettre dans le même filet, l'ensemble des comportements qui concourt au péril des biens, publics ou privés.

B- L'ASSIMILATION DE PLUSIEURS INFRACTIONS À LA CORRUPTION DE PAR LEURS EFFETS

56. Plusieurs infractions qui, en temps normal sont autonomes se voient assimilées à la corruption de par leurs effets. Dans le Code pénal guinéen, ces infractions sont placées sous les titres des atteintes à l'autorité de l'État pour certaines, et des atteintes aux intérêts publics pour d'autres. L'article 4 de la loi anti-corruption[41] dispose : *« Ainsi que le prévoit l'article 764 du Code pénal, sont assimilées à la corruption :*

- La soustraction ou la tentative de soustraction de fonds publics et privés, la destruction ou la tentative de destruction des actes, titres ou tous autres objets auxquels les auteurs ont accès en raison de leur fonction ;

- L'utilisation ou la divulgation sans autorisation, même après cessation de leur fonction, des informations confidentielles auxquelles les auteurs avaient accès en raison de cette fonction ;

- La prise ou la réception d'une participation de quelque nature qu'elle soit dans une entreprise publique ou privée dont l'auteur avait, en raison de sa fonction la surveillance ou le contrôle, pendant un délai de cinq ans à compter de la cessation de celle-ci, sauf lorsque les capitaux sont reçus par dévolution successorale ;

- L'acceptation, de manière directe ou indirecte, d'un cadeau ou de tout autre avantage pouvant mettre le bénéficiaire dans l'obligation morale d'accorder un traitement préférentiel ou spécial. »

57. On peut donc appeler ces infractions assimilées à la corruption comme suit :

---

[41] La loi L/2017/041/AN du 04 juillet 2017 portant prévention, détection et répression de la corruption et des infractions assimilées déjà cité.

1- Détournement ou tentative de détournement de deniers publics ou privés ; destruction ou tentative de destruction des actes, des titres ou tous autres objets auxquels les auteurs ont accès en raison de leur fonction ;

2- Divulgation d'information confidentielle ;

3- Abus de fonction ;

4- Prise illégale d'intérêts.

58. À ces comportements incriminés assimilés à la corruption, s'ajoutent d'autres faits envisagés seulement chez des agents du service public : l'acceptation de cadeaux douteux et la sollicitation par un agent public de cadeaux de toute nature, l'objet de notre analyse suivante **(Paragraphe II).**

PARAGRAPHE II : LA SENSIBILITÉ D'AGENTS PUBLICS À TOUTE FORME DE GÉNÉROSITÉ DOUTEUSE ET L'ACCEPTATION DE CADEAUX

A- L'ACCEPTATION DE CADEAUX DOUTEUX

59. Il est formellement déconseillé à un agent public dans l'exercice de ses fonctions, d'accepter tous cadeaux de la part de qui que ce soit, qui pourrait le mettre dans une situation où son intégrité pourrait être compromise, de peur de créer par cette donation à son préjudice, une obligation morale de rendre la pareille. L'article 4-5 de la loi anti-corruption dispose, *« l'acceptation, de manière directe ou indirecte, d'un cadeau ou de tout autre avantage pouvant mettre le bénéficiaire dans l'obligation morale d'accorder un traitement préférentiel ou spécial ».* Est donc assimilé à la corruption et susceptible d'être puni comme telle, le fait d'accepter un cadeau pouvant mettre l'agent dans une situation de redevabilité vis-à-vis de son bienfaiteur, une situation lui mettant dans une situation où il ne peut refuser la sollicitation du donateur. Le risque est que le geste de magnanimité n'emporte l'impartialité du

bénéficiaire qui doit s'acquitter d'une mission de service public dans l'intérêt de tous les usagers sans parti pris ;

60. De nombreuses législations et codes de conduite interdisent l'acceptation de cadeaux douteux. En France, le même principe est de mise, il est fortement déconseillé à tous agents publics d'accepter un cadeau ou une invitation qui risquent de heurter les obligations de dignité, d'impartialité, d'intégrité, de probité et de neutralité des agents publics définies dans le Code général de la fonction publique. Parfois la courtoisie, le protocole ou d'autres motifs professionnels peuvent ponctuellement justifier l'acceptation d'un cadeau ou d'une invitation à condition que les conditions de cette acceptation soient clairement connues de tous. Dans certains cas, la valeur des cadeaux acceptables est comprise entre 20 à 150 euros.

61. La Cour de cassation a par ailleurs confirmé que de « menus cadeaux » peuvent suffire à caractériser la corruption dès lors qu'ils ont été donnés « dans le seul but de faire bénéficier par l'intermédiaire de cet agent de plusieurs commandes ou achats sur factures » (Cass. Crim, 10 mars 2004, n° 02-85.285).[42]

B- LA SOLLICITATION PAR UN AGENT PUBLIC DE CADEAUX DE TOUTE NATURE

62. De la même manière, un agent ne peut en aucun cas solliciter un cadeau de toute nature à un usager. Conformément à l'alinéa 1er de l'article 5 de la loi anti-corruption, *« le fait par un agent public de solliciter un cadeau ou article de valeur, quel qu'en soit le montant ou*

---

42 https://www.agence-francaise-anticorruption.gouv.fr/files/files/GuideCadeauxInvitationsAgentspublics_AFA_Web.pdf

la nature, est assimilé à la corruption ». Là, nous sommes face à une interdiction totale de sollicitation de cadeaux de toute nature par un agent public ; cela est d'autant plus important que le fonctionnaire est un serviteur rémunéré par les soins de l'État, toute sollicitation de sa part à destination des usagers peut compromettre son indépendance et l'emmener à violer ses engagements.

63. Le souci de sauvegarder l'image de l'administration publique et les collectivités décentralisées et services déconcentrés aux yeux des usagers, ne peut permettre à un agent public de se mettre dans une situation de précarité dans son interaction directe avec les citoyens. Dans la répression de la corruption, la loi anti-corruption fait plusieurs renvois au Code pénal guinéen, cette partie fera l'objet de notre analyse suivante **(Section II)**.

SECTION II : La convergence de vue dans la répression des infractions assimilées a la corruption

64. La préoccupation quant à la répression de la corruption demeure réelle ; qu'il s'agisse des dispositions du Code pénal ou celles de la loi anti-corruption, la volonté du législateur guinéen est très claire quant à sa sévérité dans la répression de la nuisible infraction de la corruption. Faisant partie du même droit, ces deux textes normatifs sont en étroite collaboration pour punir les personnes coupables de corruption. La loi anti-corruption, en tant que loi spéciale aurait pu dépouiller de son contenu, les dispositions relatives à la corruption dans le Code pénal, mais le législateur a fait le choix de créer une forme de convergence entre ces deux textes quant à la répression, dans certaines parties, les dispositions sanctionnant les délits prévus par la loi anti-corruption sont renvoyées au Code pénal guinéen **(Paragraphe I)**, au

même moment, certaines peines sont prévues dans cette même loi **(Paragraphe II)**.

PARAGRAPHE I : LE RENVOI AU CODE PÉNAL EN CE QUI CONCERNE LA FIXATION DES PEINES

65. La loi anti-corruption est une loi spéciale qui vise à renforcer les mesures législatives de lutte contre la corruption en Guinée. Elle ne se détache pas du droit objectif existant qui incrimine d'emblée cette infraction, elle vient donc en appui du Code pénal guinéen qu'elle renforce en élargissant son assiette, prenant ainsi en compte par assimilation plusieurs comportements prévus et punis au même titre que la corruption. C'est pourquoi la loi anti-corruption renvoie dans une large mesure au Code pénal guinéen le volet qui a trait à l'incrimination, se contentant simplement d'une part, de définir les infractions et les pratiques prohibées et assimilées à la corruption. D'autre part, de se référer aux dispositions du Code pénal pour la fixation des peines encourues par des candidats à la commission de ces infractions.

66. Les infractions suivantes sont concernées par ce renvoi en ce qui concerne la fixation des peines :

- Le détournement de deniers publics, prévu par les dispositions de l'article 19 alinéa 3, dont les peines sont fixées par les dispositions de l'article 765 du Code pénal guinéen ;
- Le remboursement des contributions politiques effectué par des employés ou dirigeants d'entités publiques ou mixtes dans la forme assimilée à de la corruption passive prévue par les dispositions de l'article 20, dont les peines sont fixées par les dispositions de l'article 771 du Code pénal guinéen ;
- Le refus de se conformer à une obligation de communication d'informations de la part d'agents publics

prévu par l'article 34 est puni par les dispositions de l'article suscité ;

- La violation de l'interdiction d'exercer une fonction rémunérée au compte d'une entité privée ou mixte par un agent qui a exercé une mission de contrôle, de surveillance, d'administration ou de conseil sur ladite entité prévue par l'article 35 est renvoyée dans son volet condamnation aux dispositions de l'article 678 du Code pénal relatif à l'usurpation de titres, de fonctions, d'uniformes, de signes et emblèmes réservés ;

- La fraude à l'examen prévu à l'article 37 est également renvoyée dans son volet condamnation aux dispositions de l'article 686 du Code pénal ;

67. Il en est ainsi pour plusieurs autres infractions telles que : le délit d'atteinte au non-respect du principe de gratuité des soins, la spéculation sur les produits pharmaceutiques, la vente ou l'usage de faux médicaments ou contrefaits, la perception des sommes d'argent au-delà des tarifs officiels, le trafic d'organes humains et de fluides sanguins (art. 38) ; le défaut pour un agent public de déclarer ses comptes bancaires à l'étranger (art. 40) ; de la perception des rémunérations et avantages indus par un agent public (art. 43) ; la corruption active (art. 44) ; l'abus de biens sociaux (art. 55) ; le recel (art. 56) ; le délit d'entrave au bon fonctionnement la justice (art. 57) ; du délit d'initié (art. 59). Qu'en est-il de son volet répressif ? **(Paragraphe II)**.

PARAGRAPHE II : LES PEINES PRÉVUES PAR LA LOI ANTI-CORRUPTION

68. En plus d'être une loi spéciale, la loi anti-corruption est une loi répressive en ce sens qu'en son sein, il y a des dispositions pénales prévoyant des peines d'emprisonnement. Malgré qu'en réalité, la loi anti-corruption se réfugie dans les dispositions du Code pénal,

elle a dans une moindre mesure prévu des peines dans son texte : c'est le cas du délit de parjure **(A)**, et des causes d'aggravation des peines liées à la corruption, mais aussi des peines complémentaires **(B)**.

À- LE PARJURE

69. Conformément aux dispositions de l'article 12 de la loi anti-corruption, « *le parjure consiste dans le fait, par une personne dont la fonction est subordonnée à un serment, d'agir ou de s'abstenir d'agir en violation ou contrairement aux charges ou l'une quelconque des obligations de cette fonction ou à se soustraire, dans n'importe quelle circonstance, à l'un quelconque des devoirs que lui imposent son serment et la loi* ». Les éléments constitutifs du délit de parjure sont :

a) Toutes personnes dont la fonction est assujettie à la prestation d'un serment ;

b) Toutes actions ou abstention tendant à violer les obligations, objet de son serment ;

c) La violation de ses obligations, objet du serment.

70. Pour la répression de ce délit, les dispositions de l'article 13 de la même loi prévoient un emprisonnement de 2 à 5 ans et d'une amende dont le montant total est égal à deux mois au moins et six mois au plus de son traitement mensuel du délinquant ou de l'une de ces deux peines seulement.

71. Est également assimilé au parjure, le fait de mentir ou à produire de faux témoignages (soit par écrit, soit verbalement) sous serment devant une juridiction.

B- DES CAUSES D'AGGRAVATION DES PEINES DE CORRUPTION ET DES PEINES COMPLÉMENTAIRES

72. Dans la lutte contre la corruption, la dissuasion opérée par la loi anti-corruption va au-delà des peines

prévues par le code pénal, les dispositions de l'article 113 de la loi anti-corruption prévoit des causes d'aggravation des peines qui peuvent être portée au double pour certaines circonstances dans la commission de l'infraction de corruption. Ce sont notamment *lorsque l'infraction :*

- *Tend à servir les intérêts d'une organisation, d'une association ou d'une entente criminelle ou de l'un de ses membres ;*
- *Tend à influencer la négociation de transactions commerciales internationales ou d'échanges ou investissements internationaux ;*
- *Est commise à l'occasion d'élections à une fonction publique ;*
- *Tend à déterminer le comportement d'une personne concourant, à quelque titre que ce soit, à l'administration de la justice.*

73. Conformément aux dispositions de 114 de la loi anti-corruption : *« Dans les cas prévus par les dispositions de la présente loi, peuvent être prononcés à titre de peines complémentaires :*

- *L'interdiction de séjour contre les étrangers pour une durée de douze mois à cinq ans ;*
- *L'interdiction définitive d'exercice des droits civiques ou politiques pour une durée d'un an à trois ans ;*
- *L'interdiction définitive ou pour une durée de six (6) mois à un (01) an d'exercer une fonction publique ou l'activité professionnelle ou sociale à l'occasion de laquelle l'infraction a été commise ;*
- *L'affichage pour une durée de trois à six (3 à 6) mois de la totalité ou d'une partie de la décision ou sa diffusion, dans les lieux ou par les moyens indiqués par la juridiction compétente. »*

74. Ces peines complémentaires peuvent être prononcées contre les coupables d'infractions de corruption. Des peines d'emprisonnement peuvent être

également prononcées en application de l'article 115 et suivants de la anti-corruption. Ce sont là des dispositions pénales.

DEUXIÈME PARTIE :

L'IMPACT DE LA CORRUPTION SUR LE CLIMAT DES AFFAIRES EN GUINÉE ET LES MOYENS ACTUELS DE LUTTE POUR Y FAIRE FACE

75. Dans un discours tenu jeudi 9 décembre 2021, lors de la célébration de la Journée internationale dédiée à la lutte contre la corruption, Mohamed BÉAVOGUI, alors Premier ministre de la Guinée a affirmé que la Guinée a perdu plus de 600 milliards de francs guinéens[43], à cause de la corruption il y a deux ans. Rappelant ainsi un discours tenu par son prédécesseur Ibrahima Kassory FOFANA qui, lors de la déclaration de politique générale du gouvernement devant la représentation nationale[44] a déclaré ce qui suit : « *La corruption annihile nos efforts de développement, accentue les inégalités et les frustrations sociales et prive les générations futures d'un avenir prometteur. Elle abime, par ailleurs, l'image du pays et affaiblit la parole et l'action publiques*[45] ». C'est pour souligner à quel point la corruption porte un coup fatal à notre économie et empêche tout décollage économique.

76. Afin de de porter un regard critique sur cette partie, nous allons analyser dans les lignes suivantes : l'impact de

---

[43] Information rapportée par Ousmane SYLLA, journaliste du site www.emergence.net, disponible à ce jour 05 mai 2022.

[44] 9ème législature de la République de Guinée.

[45] Déclaration de politique générale de Monsieur le Premier Ministre, Chef du Gouvernement Ibrahima Kassory Fofana à la date du 07 avril 2021 devant l'Assemblée nationale de Guinée.

la corruption sur le climat des affaires en guinée **(Chapitre I)** et les moyens actuels de lutte pour y faire face **(Chapitre II).**

CHAPITRE I :

L'IMPACT DE LA CORRUPTION SUR LE CLIMAT DES AFFAIRES EN GUINÉE

77. La corruption constitue une menace importante pour les pays du monde entier ; elle fragilise les institutions démocratiques, contribue à l'instabilité gouvernementale et compromet la confiance. La corruption menace l'économie en permettant la concurrence déloyale et en décourageant l'investissement et le commerce. Elle affecte de manière disproportionnée les groupes défavorisés en empêchant l'inclusion sociale, en favorisant les inégalités et en entravant la prospérité[46].

78. Dans le rapport Doing Business de la Banque Mondiale de 2020[47], la Guinée occupe la 156e place avec 49,4 points sur 100 et avec seulement deux réformes pour améliorer le climat des affaires ; c'est comme pour dire que le climat n'est pas tout à fait propice pour la réalisation des affaires dans notre pays, à ces manquements structurels s'ajoutent également le poids de la corruption qui pèse sur les hommes et femmes

---

[46] Corruption et développement durable, Office des Nations Unies contre la Drogue et le Crime : http://www.anticorruptionday.org/documents/actagainstcorruption/print/corr18_fs_DEVELOPMENT_fr.

[47] Rapport annuel établi par la Banque Mondiale qui fait le classement des États où le climat des affaires est le plus propice en tenant compte des critères basés sur des réformes structurelles.

d'affaires comme un couperet. Tenter d'échapper aux griffes de ce mal pour un entrepreneur, un homme d'affaires, ou même un cadre de l'administration publique est une entreprise risquée qui peut coûter son poste à un cadre, une opportunité à un homme d'affaires et un projet à un entrepreneur.

79. Que ce soit dans le secteur public ou privé, la corruption et infractions assimilées sapent le moral des investisseurs et des acteurs économiques de tout bord. C'est tout l'objet de cette partie ; nous allons nous pencher sur l'impact de la corruption dans le secteur public **(Section I)**, avant de voir de près, l'impact de la corruption dans le secteur privé **(Section II).**

SECTION I : L'impact de la corruption dans le secteur public

80. En parlant de la corruption dans l'administration publique, l'ancien Premier ministre guinéen, Mohamed BÉAVOGUI disait ceci : *« Dans notre pays, le phénomène de la corruption affecte toutes les sphères de la vie économique et sociale. Il revêt un caractère structurel et une dimension multiforme, connue de tous. Ce sont notamment des détournements de deniers publics, de la concussion, des transferts illicites de fonds, du blanchiment de capitaux… »*[48], c'est donc un phénomène conscient, connu de tous, mais tout le monde semble impuissant pour y faire face. Le secteur public qui est le vecteur de développement est pris en otage par l'élite qu'elle a formée et entretenue ; dans le rapport publié en 2012 (INCG)[49] par l'Agence Nationale de Lutte contre la

[48] Discours tenu jeudi 9 novembre 2021, lors de la célébration de la Journée internationale dédiée à la lutte contre la corruption

[49] Indice National de Corruption et de Gouvernance

Corruption et de promotion de la bonne gouvernance (ANLC-PBG), l'objet d'une étude conjointe menée dans un partenariat entre l'Agence Nationale de Lutte contre la Corruption et de promotion de la bonne gouvernance (ANLC-PBG), Transparency International Rwanda et le Centre d'Études de Recherche-Action sur la Gouvernance (CERAG), avec le soutien financier de Open Society Initiative for West Africa (OSIWA). L'étude a aussi bénéficié de l'assistance technique des personnes ressources de l'Institut National de la Statistique de la République de Guinée, sur la perception des ménages et des entreprises en Guinée sur la corruption, l'existence du phénomène de corruption en Guinée est perçue par 98 % des entreprises contre 93 % des citoyens répondant comme un phénomène existant. Le taux élevé d'avis positif à l'existence de la corruption dans l'administration en Guinée est un indicateur alarmant et inquiétant. Dans un article publié sur le site de *donnéesmondiales.com*[50], l'indice de perception de la corruption dans le secteur public en 2021 est de 75 points sur 100[51], plaçant la Guinée à la 147e place dans le monde. Selon le même rapport, concernant l'existence des pratiques de corruption, les répondants ont donné leur opinion sur les pratiques existantes en Guinée dont les plus décriées sont : « user de son autorité ou de ses relations pour influencer la décision d'une autre personne » (93 % ménages contre 98,4 % entreprises) ; « donner un travail à un proche qui n'a pas de qualifications requises » (94,5 % ménages et 100 % entreprises) et ; « faire un versement non officiel pour se qualifier » (91,7 % des ménages contre 95,7 % des entreprises). Paiement supplémentaire pour accélérer une démarche (94,7 % contre 97,5 % des entreprises) ;

---

50 Article disponible ce jour 26 mai 2022 sur https://www.donneesmondiales.com/afrique/guinee/corruption.php

51 Plus le score est élevé, plus la corruption est massive.

demander une faveur/paiement pour un service de son travail (93,7 % ménages contre 94,3 % entreprises) ; payer un pot-de-vin pour faire sauter une contravention (92,8 % contre 97,5 % entreprises), faire un versement non officiel pour obtenir une confidence (89,8 % contre 95,5 % entreprises). Pour approfondir cette partie, nous allons analyser le phénomène au niveau des services centraux et déconcentrés **(Paragraphe I)**, avant de l'analyser au niveau des organes décentralisés **(Paragraphe II)**.

PARAGRAPHE I : LA CORRUPTION AU NIVEAU DES SERVICES CENTRAUX ET DÉCONCENTRÉS

A- LA CORRUPTION AU NIVEAU DES ORGANES CENTRAUX

81. La perception de corruption dans l'administration centrale est de notoriété publique en Guinée. Il n'y a pas de citoyen guinéen que l'on puisse interroger sur ce sujet sans qu'il n'ait tout un grief contre l'administration centrale. Cela, au-delà de toute donnée étayée en sa possession. Cette perception dénote de l'ampleur du phénomène devenu de notoriété publique. En Guinée, il suffit qu'un tel soit promu à un poste nominatif important pour que dans les jours à venir, qu'il ait un niveau de vie nettement supérieur aux avantages légaux de son poste. Or, le degré de richesse d'un individu se mesure au nombre d'entreprises créées ou le degré de succès qu'il a dans les affaires ; mais en Guinée, il semble que la richesse se mesure au nombre de postes « juteux » occupés et le nombre d'années effectuées à ces postes. Ce qui ne laisse aucune place à autre chose que l'institutionnalisation de la corruption dans les organes centraux de l'État.

82. L'indice de perception de corruption dans le secteur public est l'un des plus hauts dans le monde, comme nous pouvons le remarquer dans le tableau ci-dessous :

ÉVOLUTION DE L'INDICE DE CORRUPTION EN GUINÉE 2006-2021[52]

[52] Article disponible ce jour 26 mai 2022 sur https://www.donneesmondiales.com/afrique/guinee/corruption.php

Années	**Guinée**	**Afrique**	**Monde entier**
2022	75	67,7	57,0
2021	75	67,9	56,8
2020	72	67,5	56,7
2019	71	67,6	56,8
2018	72	67,5	56,9
2017	73	67,9	56,9
2016	73	68,5	57,1
2015	75	67,7	57,5
2014	75	67,4	56,8
2013	76	67,9	57,4
2012	76	66,7	56,8
2011	79	70,7	59,7
2010	80	71,1	59,9
2009	82	71,3	59,7
2008	84	71,4	59,8
2007	81	71,5	60,1
2006	81	71,5	59,1

Remarque : les données sont calculées chaque année par Transparency International.

83. De nombreux scandales qui éclaboussent et qui ont toujours éclaboussé notre administration laisse planer un sérieux doute, s'il en fallait sur notre administration centrale. Le train de vie des ministres et autres hauts fonctionnaires, en comparaison avec les avantages légaux à eux accordé laisse paraître si besoin était, un écart abyssal ; et ne nous amène qu'à un constat amer : l'institutionnalisation de la corruption dans la haute administration.

84. Pour l'exemple, citons une affaire emblématique de détournement de deniers publics qui se présente comme le plus grand scandale de la gouvernance d'Alpha Condé, le *« Nabaya Gate*[53] *». « Cette affaire remonte à novembre 2020. Une commission de lutte contre la corruption, rattachée à la présidence d'Alpha Condé, épingle la gestion financière de la ministre de l'Enseignement technique, Zenab Nabaya Dramé, entre 2014 et 2018. D'après cette commission, cette responsable cumule près de 28 milliards de GNF non justifiés et plus de 100 milliards de GNF de déficit d'un précédent poste de directrice administrative et financière. En cause par exemple, de présumés fonds destinés à l'achat d'équipements pour des écoles qui auraient été détournés. Au total, la ministre aurait détourné près de 50 millions de dollars. L'affaire Nabayagate est révélée par le site d'information Guineenews*[54]*. »*[55]

[53] Anglicisme, mot désignant suivant les scandales liés à la corruption, la politique, la fiscalité, la société, etc. exemple : water gate (scandale désignant une affaire d'espionnage politique qui aboutit, en 1974, à la démission de Richard Nixon, alors président des États-Unis). Cette affaire implique Madame Zenab Nabaya, alors de l'enseignement technique et de la formation professionnelle de la république de Guinée, après avoir été à d'autres postes importants dans l'administration.
[54] Site d'informations générales en Guinée.

85. Il faut attendre septembre 2021, à la faveur du renversement d'Alpha Condé, pour que le dossier revienne sur la table des juges. Créée en décembre, la CRIEF[56] reprend le dossier en main. Et ouvre une information judiciaire. Les investigations sont toujours en cours, mais déjà des personnes sont inculpées et d'autres personnalités pourraient bien être auditionnées par les juges d'instruction.

86. Dans son rapport public annuel de 2017[57], la Cour des Comptes de la République de Guinée[58] portant contrôle de la gestion de la direction nationale des infrastructures du ministère des Travaux publics[59], a fait paraître plusieurs dysfonctionnements dans la gestion des entités publiques, notamment des comportements faisant croire à l'existence d'un système de corruption institutionnalisé. Dans la passation des marchés publics, la Cour indique que *« La Personne Responsable des Marchés Publics (PRMP), a été peu impliquée par l'autorité contractante, dans la procédure de préparation de la passation des marchés publics. »* Alors que conformément au décret n° 2014/169/PRG/SGG du 22

---

[55] Article publié sur le site de RFI (radio France internationale) consultable ce jour 1er juin 2022 sur https : www.rfi.fr/fr/afrique/20220224-nabayagate-en-guin.

[56] Cour de répression des infractions économiques et financières de la République de Guinée.

[57] Rapport disponible sur le site internet de la cour des comptes de la république de Guinée

[58] La loi organique L/2013/046/CNT du 18 janvier 2013 portant organisation, attributions et fonctionnement de la Cour des comptes et le régime disciplinaire de ses membres, modifiée par la loi organique L/2013/066/CNT du 12 décembre 2013.

[59] Rapport public annuel 2017 de la Cour des comptes, CHAPITRE I : contrôle de la gestion de la direction nationale des infrastructures du ministère des travaux publics, P31 à 44.

juillet 2014[60], portant attributions de la personne Responsable des Marchés Publics (PRMP), la procédure de préparation de la passation des marchés publics et délégation de service public est placée au niveau des autorités contractantes sous l'autorité d'une PRMP. Celle-ci est chargée de conduire la procédure de passation depuis le choix de cette dernière jusqu'à la désignation du titulaire et l'approbation du marché définitif ou de la délégation de service public. Le rapport indique que *« si la PRMP assure effectivement la planification des marchés et la rédaction des dossiers d'appel d'offres, elle n'exerce pas la plupart des autres attributions prévues dans le décret cité ci-dessus, en particulier : l'évaluation des offres, l'élaboration et la négociation des marchés ; l'exécution budgétaire des marchés par la réservation des crédits et la confirmation dès le lancement de l'appel d'offres »*

87. Le même rapport relève des irrégularités dans le paiement des contrats au compte du Ministère des Travaux publics, il s'agit de demandes de paiements non visées par le contrôleur financier en violation de l'article 68 du Règlement général sur la Gestion budgétaire et la Comptabilité publique (RGGBCP) qui dispose : « *Les contrôles a priori exercés par les contrôleurs financiers portent sur les opérations budgétaires des ordonnateurs auprès desquels ils sont placés* ». Ces opérations sont de nature à jeter le doute sur les actes des administrations publiques. Sauf que le phénomène s'étend également aux organes déconcentrés (**B**).

[60] Décret portant attributions de la personne Responsable des Marchés Publics (PRMP).

B- LA CORRUPTION AU NIVEAU DES SERVICES DÉCONCENTRÉS

88. Le plus grand danger de la corruption est sa capacité à s'introduire dans toutes les sphères de la vie d'une nation, aucun organisme n'est épargné, car les ramifications peuvent être telles, que toute la vie socio-professionnelle se trouve affectée. Les services déconcentrés de l'État sont les services qui assurent le relais, sur le plan local, des décisions prises par l'administration centrale et qui gèrent les services de l'État au niveau local[61] ; ils n'échappent pas aux griffes de la corruption, d'autant plus que le pont entre ceux-ci et les organes services centraux de l'État est direct ; les agents des services déconcentrés relèvent directement de ceux des services centraux, ce qui les lie en pratique. On peut donc conclure que le même problème est partagé, d'autant plus que, ce sont les mêmes agents qui font la rotation dans ces services.

89. Dans son rapport public annuel 2020, la Cour des comptes, révèle de multiples insuffisances dans la gestion de l'hôpital public, hôpital de l'amitié sino-guinéen[62] (HASIGUI). Insuffisance de plusieurs ordres, notamment comptable et financier, ce qui laisse croire à l'existence d'un système de corruption structurel. D'abord, la Cour des comptes révèle que pour les exercices des années 2011 et 2012, l'hôpital n'a fourni aucun document financier, ce qui veut dire que la Cour des comptes ne pouvait exercer aucun contrôle comptable et financier. Une grave

---

[61] Collectivités-locales.gouv.fr

[62] L'Hôpital spécialisé de Kipé, placé sous la tutelle du ministère de la santé publique, est un établissement public administratif de l'État, créé par l'arrêté N°3996/MSHP/SGG du 1er août 2010

insuffisance qui laisse la porte ouverte à toutes sortes de détournements de deniers publics.

90. La Cour des comptes a alors examiné les comptes de l'exercice des années 2013 à 2017, ce qui a mis à nue une défaillance structurelle pouvant créer la suspicion sur la sincérité des comptes : la confusion des fonctions d'ordonnateur et de comptable public, un système défaillant de contrôle interne en violation des dispositions de l'article 66 de la loi organique relative aux lois de finances (LORF) du 6 août 2012 par la non-désignation d'un chef de Service administratif et financier (SAF)[63].

91. Le même rapport révèle la non-comptabilisation des mandats de paiements d'un montant total de trois cent vingt-et-un millions six-cent quatre-vingt-et-neuf mille cinq-cents quatre-vingt-douze francs guinéens (321 689 592 GNF) au compte du paiement des salaires des contractuels temporaires et l'achat des médicaments et de réactifs de laboratoire au compte financier de 2016[64].

92. Dans le même hôpital, la Cour des comptes a révélé la violation des dispositions de l'article 8 du code des marchés publics[65] sur un montant total de six milliards neuf cent cinquante-neuf millions soixante- dix-sept mille cent un franc guinéen (GNF 6 959 077 101), des montants ayant fait l'objet de contrats sans appel d'offre.

[63] Rapport public annuel 2020 de la Cour des comptes, Chapitre I, page 26

[64] Rapport public annuel 2020 de la Cour des comptes, Chapitre I, page 27 déjà cité.

[65] Article 18 du code des marchés publics « Les marchés publics sont passés après mise en concurrence des candidats potentiels sur appel d'offres ; les autorités contractantes choisissent les modes de conclusion de leurs marchés conformément aux dispositions du présent décret... »

93. Sur la question de savoir lesquels des services sont les plus touchés par la corruption et pratiques assimilées, la réponse fut sans ambages : les sept services les plus affectés par la corruption plus que les autres sont les suivants[66] :

- La Police nationale/gendarmerie (92,0 %) ;
- Les services de douanes et impôts (88,3 %) ;
- Les services fonciers ;(86,5 %) ;
- Services judiciaires (82,5 %) ;
- Les services des marchés publics (81,9 %) ;
- Éducation (81,4 %) ;
- L'administration de base (81,3 %).

94. Les services les moins affectés par la corruption sont :

- Banque et assurance (63,9 %) ;
- Les institutions religieuses/organisation de la société civile (62,9, %) ;
- Organisations internationales (57,5 %)

95. Ces manquements, en guise d'illustration sont de nature à édifier sur le degré de corruption dans le service public en général. Qu'en est-il de la situation des services décentralisés **(Paragraphe II)** ?

PARAGRAPHE II : LA CORRUPTION AU NIVEAU DES SERVICES DÉCENTRALISÉS

96. Il est fort rare qu'une surprise fasse plaisir. Au contraire, elle tombe souvent à côté[67] , et cela est vrai dans ce cas, car, on pourrait rarement imaginer qu'après un tableau aussi sombre de l'état de la corruption dans les services centraux et déconcentrés, que l'on s'attende à ce

[66] Rapport public annuel 2020 de la Cour des comptes, Chapitre I, page … déjà cité.

[67] Jean Gwenaêl Dutourd ; Cinq ans chez les sauvages (1977), Romancier et essayiste français et ancien membre l'Académie française

que la situation ne soit meilleure dans les services décentralisés comme par magie.

97. Fruit de la décentralisation née à la suite de l'arrivé au pouvoir des militaires le 3 avril 1984, après la mort du père de l'indépendance, le Président Ahmed Sékou TOURE, à leur tête le *général Lansana CONTÉ,* à l'époque colonel, la décentralisation se montrait alors comme une réponse à la centralisation du pouvoir par le régime issu de l'indépendance. L'article 1er du Code révisé des collectivités locales[68] la définit comme suit *« la décentralisation est un système d'administration qui permet à des groupements humains, géographiquement localisés sur une portion déterminée du territoire national, de créer des entités territoriales auxquelles il est conféré la personnalité juridique morale et la capacité de s'administrer librement, dans les limites de leurs compétences, par des Conseils élus, sous le contrôle d'un délégué de l'État, qui a la charge des intérêts nationaux et du respect des Lois.* »

98. C'est donc une forme de gestion qui favorise la gouvernance de proximité des territoires, un transfert important de compétence du pouvoir central, aux populations à la base. Les services y issus sont de l'ordre du service public.

99. Ces services sont tout aussi pointés du doigt par les citoyens, les entreprises, ainsi que des administrateurs eux-mêmes pour des soupçons de corruption. Pour preuve, dans l'étude sur la perception des ménages et des entreprises en Guinée[69], il est dit ceci : *« Dans l'ensemble*

---

[68] Loi ordinaire L/2017/040/AN du 24 février 2017, portant Code révisé des collectivités locales de la République de Guinée.

[69] Indice National de Corruption et de Gouvernance, rapport 2012, page 63, figure 20 déjà cité

du pays comme dans l'administration locale considérée, le phénomène de la corruption est à un degré relativement élevé dans les services de l'administration locale. En effet, 23.6 % des répondants de l'administration locale ont affirmé avoir personnellement versé un pot-de-vin contre 76.4 % qui l'ont nié. » Dans les motifs invoqués pour justifier ces actes de corruption, les répondants affirment avoir versé des pots-de-vin à hauteur de 68 % pour obtention de documents administratifs, 8,4 % pour obtenir une autorisation, 14,2 % pour accélérer la procédure et 9,3 % parce que c'est l'usage[70].

100. Dans la gestion des communes urbaines, les scandales ne finissent pas. Dans son rapport public de 2020, la Cour des comptes pointait du doigt, plusieurs manquements dans la gestion de la commune urbaine de Fria[71], notamment dans la mobilisation et la gestion des recettes de nature à laisser croire un système douteux. En effet, le rapport constate un écart important entre le montant de la patente de 2012 qui était de soixante-sept millions huit cent quatorze mille six cent quarante-trois francs guinéens (GNF 67 814 643) en 2012, à deux cents millions de francs guinéens (GNF 200 000 000) pour les autres années 2014, 2015, 2016, 2017 et 2018, le rapport de 2013 ayant disparu. À la question de savoir pourquoi cet écart, la Cour n'a obtenu aucune explication de la part des autorités de la Commune urbaine de Fria[72]. En plus de

[70] Indice National de Corruption et de Gouvernance, rapport 2012, page 63, tableau 49, déjà cité

[71] La préfecture de Fria est une subdivision administrative de la République de Guinée. Située à l'ouest du pays, dans la région naturelle de Guinée maritime, cette préfecture fait partie de la région administrative de Boké, selon l'Institut national de la statistique, elle compte en 2016, 103 385 habitants.

[72] Rapport public annuel 2020 de la Cour des comptes, Chapitre I, page 51 déjà cité.

relever plusieurs irrégularités notamment la confusion de fonctions d'ordonnateurs et de comptables, la Cour conclut par cette observation : *« La Cour des comptes observe le caractère défaillant de la procédure de passation et d'exécution des marchés publics locaux de la commune urbaine de Fria. La prise en charge par la commune des dépenses ne rentrant pas dans ses compétences.* »

101. Après la présentation de ce tableau plutôt sombre de l'état de la corruption en Guinée dans le secteur public, la situation serait-elle différente dans le secteur privé ? **(Section II)**

SECTION II : L'impact de la corruption dans le secteur privé

102. Le secteur privé regroupe l'ensemble des entreprises qui n'appartiennent pas à l'État ou dans lesquelles la participation de l'État n'excède pas la moitié des actions. Dans le secteur privé, le capital est détenu par des personnes physiques, des particuliers ou des personnes morales de droit privées, des sociétés où la participation de l'État est minoritaire. Le secteur privé est complémentaire au secteur public[73] en ce sens qu'il contribue à la croissance économique et la réduction de la pauvreté par la création d'emplois.

103. Dans une question qui a été adressée à 126 entreprises sur l'existence de la corruption en Guinée, de quelle que forme que ce soit, 123, soit 97 % ont répondu à l'affirmative, ce qui est extrêmement préoccupant[74]. Dans cette partie, nous essayons de toucher du doigt la réalité de

---

[73] Https://www.infos-jeunes.fr

[74] Indice National de Corruption et de Gouvernance, rapport 2012, page 88, déjà cité

la corruption dans le secteur privé et l'impact que cela peut avoir sur le climat des affaires en Guinée. Conformément à l'article 777 du CPG constitue l'infraction de corruption dans le secteur privé : *« le fait de promettre, d'offrir ou d'accorder, directement ou indirectement, un avantage indu à toute personne qui dirige une entité de secteur privé ou travaille pour une telle entité, en quelque qualité que ce soit, pour elle-même ou pour une autre personne, afin que, en violation de ses devoirs, elle accomplisse ou s'abstienne d'accomplir un acte ;*

104. *Le fait pour toute personne qui dirige une entité du secteur privé ou travaille pour une telle entité, en quelque qualité que ce soit, de solliciter ou d'accepter, directement ou indirectement, un avantage indu, pour elle-même ou pour une autre personne afin d'accomplir ou de s'abstenir d'accomplir un acte en violation de ses devoirs.* ». Compte tenu du manque de formalisation des entreprises du secteur privé en majorité, nous allons analyser le phénomène de corruption dans le secteur formel **(Paragraphe I),** avant de nous prêter au même exercice dans le secteur informel **(Paragraphe II)** dans le but de toucher toutes les composantes de ce secteur important dans l'économie nationale.

PARAGRAPHE I : L'IMPACT DE LA CORRUPTION DANS LE SECTEUR FORMEL

105. Le secteur formel constitue l'ensemble des travailleurs des entreprises constituées en sociétés formellement, notamment immatriculées au RCCM[75]. Quand on parle de la corruption dans le secteur privé et de son impact sur l'économie, on est à première vue tenté de

[75] Registre des commerces et du crédit mobilier

penser à la corruption à laquelle les chefs d'entreprises sont parfois obligés de se livrer pour décrocher des projets publics ou locaux (paiement de pots-de-vin ou de dessous de table), même si cette situation notoirement connue de tous est clairement problématique pour le développement de notre économie, donc du pays, il n'en demeure pas moins qu'il ne s'agit pas de cela. Cela relève plutôt de la corruption d'agents publics.

106. Mais dans les faits, le procédé reste le même : c'est un agent des services privés soit qui sollicite une faveur ou à qui on offre une faveur contre une action ou omission en violation de ses obligations : un caissier d'une banque qui fait passer un client devant un autre contre quelques billets de banque, un agent qui rompt une file d'attente pour faire passer une personne sans raison objective en échange d'un avantage quelconque ou un recruteur qui fait passer son neveu alors qu'il n'a pas la qualification requise. C'est en cela que constitue la corruption dans le secteur privé.

107. Dans le rapport d'Indice national de Corruption et de Gouvernance[76] en Guinée, sur 126 chefs d'entreprises interrogés sur la pratique de corruption dans le milieu des affaires, 100 % ont répondu que l'une des pratiques consiste à donner un travail à un proche qui n'a pas de qualifications requises ; 94,3 % ont répondu que demander une faveur/paiement pour un service de son travail était aussi une pratique courante.

108. Dans les faits, l'existence d'un système de corruption structuré affaiblit le secteur privé, qui devait être le levier de notre développement. En effet, les chefs d'entreprises, les entrepreneurs et autres acteurs du secteur

[76] INCG 2012

privé sont quasiment obligés d'adhérer à des pratiques de corruption ainsi instaurée pour accéder à plusieurs services, notamment les marchés publics (de l'administration centrale et des administrations des collectivités locales). Selon le rapport suscité[77]20, 8 *% des répondants au niveau des entreprises ont affirmé avoir versé un pot-de-vin auprès de l'administration locale. On observe que cette pratique existe dans des proportions relativement élevées, car il s'agit de l'expérience personnelle et les gens ont tendance à ne pas dévoiler qu'ils ont fait part au processus de corruption, car cette dernière constitue un crime*[78]. La situation n'est pas non plus reluisante dans le secteur informel **(Paragraphe II)**

PARAGRAPHE II : L'IMPACT DE LA CORRUPTION DANS LE SECTEUR INFORMEL

109. La corruption se propage souvent par ignorance et faute de connaissances suffisantes sur le sujet, et parce que l'on ne sait pas comment la corriger et la limiter. D'autre part, la corruption dans les systèmes juridiques, politiques, bureaucratiques et autres facilite la propagation du phénomène[79]. En Guinée, l'écrasante majorité des activités se fait dans l'informel, selon un document publié par l'APIP[80], entre 70 % et 90 % des entreprises guinéennes sont informelles[81]. Un taux particulièrement élevé qui

[77] INCG 2012

[78] Indice National de Corruption et de Gouvernance, rapport 2012, page 113 déjà cité

[79] Behzad Mashali professeur au département de MBA à l'université des sciences et de la culture, Téhéran (Iran) : « Analyzing the relationship between perceived grand corruption and petty corruption in developing countries : case study of Iran »

[80] Agence de promotion des investissements privés

[81] Document intitulé « transformer le potentiel de la Guinée en prospérité pour le peuple de guinéen », page 2, disponible à ce jour 25 juin 2022 sur www.stat-guinee.org

échappe ainsi à tout contrôle, à un prélèvement réel d'un impôt proportionnel à la réalité des activités, ce qui ouvre la voie à toutes sortes de compromis entre les agents du fisc et des entrepreneurs.

110. La quasi-informalisation des activités économiques augmente nécessairement le risque de pratiques louches, susceptibles de caractériser la corruption et pratiques assimilées, étant donné que l'État ne peut sûrement pas établir un tableau clair et précis de ces activités et de leurs acteurs. Le risque de corruption ayant un impact sérieux se concentre sur un certain nombre de points :

- **La fraude fiscale :** les activités exercées au noir échappent généralement à toute forme d'imposition ou taxation. L'impôt est censé servir de ressources pour la réalisation des projets d'infrastructures régaliennes, mais pour que l'administration fiscale puisse recouvrir correctement l'impôt, elle doit disposer d'informations sur les activités à imposer (détermination de l'assiette fiscale), ce qui est pratiquement impossible quand le fisc ne dispose pas de données fiables sur qui réalise quelle activité, ce qui accroît le risque de corruption ;
- **Le détournement des ressources fiscales :** l'impôt est exigé à chaque fois que la richesse est créée, peu importe la nature de l'activité, la richesse est imposable. La corruption a particulièrement un impact sur le secteur informel, surtout sur l'efficacité du recouvrement des impôts, les agents recouvreurs tant au niveau national (impôts nationaux) que locaux (impôts locaux) ont une totale liberté de disposer des acteurs informels (femmes aux marchés, boutiquiers, entrepreneurs du quartier...) pendant le recouvrement des différentes contributions à leurs charges. Toutes sortes de pratiques de corruption se

réalisent sans qu'aucun contrôle ne puisse établir le processus de ces pratiques illicites.

111. La non-formalisation des activités fait perdre à l'État et aux collectivités locales des fonds impossibles à estimer. Les efforts de formalisation des entreprises, à travers la simplification des procédures de création d'entreprises individuelles et les sociétés, personnes morales ne semblent pas endiguer pour l'heure l'ampleur de cette réalité. Faut-il croiser les bras ? c'est le moment de réfléchir aux moyens de lutte contre la corruption **(Chapitre II)**

CHAPITRE II :

MOYENS DE LUTTE CONTRE LA CORRUPTION

112. Aussi insidieuse que soit la corruption, la complexité de son appréhension et de son éradication, il doit bien y avoir un moyen de réduire son impact sur notre développement économique. Si certains pays font figure de bons élèves dans les classements internationaux des pays les moins corrompus, ils ne sont pas moins corrompus par nature. Il a fallu un travail de fond par les gouvernants de ces pays et beaucoup de sacrifice pour juguler le phénomène de corruption, surtout un système de veille permanent pour dissuader le moindre signe de retour en arrière[82]. C'est dans la même perspective que la Guinée s'est engagée dans le cadre des conventions des Nations unies[83] et de l'Union africaine[84] contre la corruption auprès d'autres pays à faire de la lutte contre la corruption une priorité par l'adoption d'instruments juridiques

---

[82] Danemark, Nouvelle-Zélande, Finlande : Classés successivement premier, deuxième et troisième au classement mondial des pays moins corrompus ; Indice de perception de corruption ; Transparency international ; 2020.

[83] CONVENTION DES NATIONS UNIES CONTRE LA CORRUPTION, adoptée par la Résolution 58/4 de l'Assemblée générale du 31 octobre 2003.

[84] CONVENTION DE L'UNION AFRICAINE SUR LA PRÉVENTION ET LA LUTTE CONTRE LA CORRUPTION, adoptée par la 2ème session ordinaire de la conférence de l'Union Africaine à Maputo, le 11 juillet 2003.

nécessaires à cette fin ; ainsi que la création d'organismes publics dont le but est de lutter plus efficacement contre ce fléau. L'analyse de ces instruments et organismes constitue notre travail dans ce chapitre, et pour ce faire, nous allons analyser ce package de moyens de lutte contre la corruption au plan national **(Section I)** et au plan international **(Section II)**.

SECTION I : Les moyens de lutte contre la corruption au plan national

113. La lutte contre la corruption en Guinée est une préoccupation affichée des autorités depuis un certain temps, même si les nombreuses réformes entamées n'ont jusqu'ici pas porté le fruit escompté, leur initiative est en soi une avancée. L'ancienne loi n° 98/036 du 31 décembre 1998 portant code pénal[85] prévoyait déjà la répression de la corruption en ses articles 191, 192 et 193 ; déjà en 2000, le président de la République avait mis en place par décret un comité national de lutte contre la corruption (CNLC) placé sous son autorité. Mais la véritable réforme s'opère après l'adoption des conventions de l'Union africaine et des Nations Unies[86] contre la corruption auxquelles est soumise la Guinée en tant que pays signataire et pays ayant ratifié. La première conséquence est la création, le 03 juillet 2004, par arrêté du ministre à la présidence chargé du contrôle économique et financier de la première Agence nationale de Lutte contre la Corruption[87], suivi du décret N° D/2018/241/PRG/SGG portant attributions, organisation et fonctionnement de l'organe chargé de la

---

[85] Ancien code pénal guinéen.

[86] Respectivement adoptées le 11 juillet 2003 et 31 octobre 2003.

[87] Arrêté n2004 °7137/MCPEF/SGG portant création, attribution et organisation de l'agence nationale de lutte contre la corruption.

lutte contre la corruption et de la promotion de la bonne gouvernance en octobre 2018. Ces multiples réformes ont conduit à l'instauration d'un système de contrôle et de lutte contre la corruption complexe à travers des organes de lutte, certains sont spécialisés dans la lutte contre la corruption (**PARAGRAPHE I**), d'autres le sont par leurs natures (**PARAGRAPHE II**).

PARAGRAPHE I : LES ORGANES SPÉCIALISÉS DE LUTTE CONTRE LA CORRUPTION

114. Le mécanisme de la corruption est multiforme, la lutte contre ce fléau doit être tout aussi complexe. C'est pourquoi ces dernières années, le gouvernement guinéen a mis en place une série d'organismes de lutte contre la corruption (OLC)[88], à la tête desquels l'Agence Nationale de Lutte contre la Corruption et de Promotion de la Bonne gouvernance **(A)**, mais sans s'y limiter. C'est pourquoi nous analyserons cette institution, ainsi que la Cellule nationale de Traitement informatique et financier **(B)**.

A- L'AGENCE NATIONALE DE LUTTE CONTRE LA CORRUPTION

115. Créé par le décret N° D/2018/241/PRG/SGG portant attributions, organisation et fonctionnement de l'organe chargé de la lutte contre la corruption et de la promotion de la bonne gouvernance en octobre 2018,

[88] Un organisme de lutte contre la corruption (OLC) peut être défini comme une institution indépendante, à distance des institutions gouvernementales, dont la fonction principale est de coordonner toutes les activités axées sur l'application de la stratégie de lutte contre la corruption d'un pays et de s'exprimer sur la refonte et l'amélioration de cette stratégie. FRANCISCO CARDONA expert international dans l'élaboration de politique publique de lutte contre la corruption.

l'ANLC-PBG est l'organe par excellence de lutte contre la corruption comme prévu à l'article premier du décret suscité qui dispose *« il est créé un organisme spécialisé dénommé l'Agence Nationale de Lutte contre la Corruption et de Promotion de Bonne Gouvernance (ANLC-PBG) »*[89] . Elle dispose des prérogatives importantes pour mener à bien sa mission, celle de prévenir, de sensibiliser ou d'aider à déceler les actes de corruption et infractions assimilées, elle a une compétence nationale[90] ; ce qui fait d'elle une institution efficace de lutte contre la corruption.

1) Elle apporte dans l'arsenal juridique plusieurs changements majeurs, elle a pour mission conformément à l'article 4[91] :

- *La centralisation des informations permettant de prévoir et de déceler les cas de corruption et infractions assimilées ;*
- *La consultation et l'alerte consistant à donner aux autorités administratives, d'offices ou sur leur demande, des avis sur les mesures appropriées pour prévenir et/ou juguler les actes de corruption ;*
- *L'aide à la justice qui fait appel à son expertise ou qu'il lui appartient de saisir de faits de corruption portés à sa connaissance ;*
- *La prévention, sensibilisation et la mobilisation sociale contre la corruption et les pratiques assimilées, ainsi que la promotion de la bonne gouvernance.*

---

[89] Article premier du décret N°D/2018/241/PRG/SGG portant attributions, organisation et fonctionnement de l'organe chargé de la lutte contre la corruption et de la promotion de la bonne gouvernance

[90] Article 3 du décret N°D/2018/241/PRG/SGG « l'Agence Nationale de Lutte contre la Corruption et de Promotion de la Bonne gouvernance déjà cité

[91] Décret N°D/2018/241/PRG/SGG « l'Agence Nationale de Lutte contre la Corruption et de Promotion de la Bonne gouvernance déjà cité

116. Elle contribue aussi à l'élaboration de la politique nationale et du cadre stratégique de lutte contre la corruption, promouvoir la culture de redevabilité des agents publics, la transparence et l'intégrité. Ses missions sont larges et couvrent un éventail de domaines dans lesquels le risque de corruption est très élevé ; elle dispose au titre des dispositions des articles 31 et 32[92], des ressources humaines et matérielles pour mener à bien sa mission.

117. La Guinée a fait d'importants progrès depuis 2011 dans la lutte contre la corruption, notamment :

- La ratification de la Convention des Nations Unies et de l'Union africaine contre la Corruption ;
- L'adhésion à la Plate-forme des Points de contacts internationaux sur le Recouvrement d'avoir ; (Initiative StAr de la Banque mondiale, de l'ONUDC et de l'OIPC/INTERPOL) ;
- L'opérationnalisation de la Cellule nationale de Traitement des Informations financières (CENTIF) ;
- L'adhésion à l'initiative Académie Anti-Corruption (ACAD), pour l'intégration de l'enseignement de la lutte contre la corruption dans les cursus universitaires ;
- L'adhésion à l'Académie régionale Anti-Corruption de l'Afrique de l'Ouest ;
- L'adhésion à l'Académie internationale Anti-Corruption ;
- La mise en conformité du pays avec l'Initiative pour la Transparence dans les Industries extractives (ITIE) ;
- La Mise en œuvre de l'Éligibilité au Millenium Challenge Corporation (MCC) ;
- L'adhésion au Concept de Partenariat public privé (PPP) ;

---

92 Décret N°D/2018/241/PRG/SGG « l'Agence Nationale de Lutte contre la Corruption et de Promotion de la Bonne gouvernance déjà cité

- L'adhésion au Réseau des Institutions Nationales de Lutte contre la Corruption de l'Afrique de l'Ouest (RINLCAO) ;

- L'adhésion au Réseau des Points de Contact Internationaux de Recouvrement d'Avoirs (Initiative StAr) ;

- L'adhésion à l'Association des Autorités Anti-Corruption de l'Afrique (AAACA) ;

- L'adhésion au G20 Pacte avec l'Afrique ou G20 Compact With Africa ;

- L'adhésion à l'Initiative pour la Transparence dans la Pêche (FITI) ;

- L'adhésion aux principes du Partenariat pour le Gouvernement ouvert (PGO) ;

- L'adhésion à l'Initiative globale pour la Transparence budgétaire (GIFT) ;

- L'adhésion à l'Initiative africaine concertée sur les Réformes budgétaires (CARBI) ;

- L'adhésion à l'Initiative africaine d'Inclusion financière (AFPI) ;

- La signature du Protocole d'Accord de Partenariat et de coopération avec : L'Institut International de Planification de l'Éducation (IIPE), de l'UNESCO ; le Secrétariat général à la Présidence de la République chargé des Services spéciaux, de la lutte contre la drogue et le crime ; L'Institution du Médiateur de la République ;

118. Il nous paraît important de souligner que malgré ces efforts pour éradiquer la corruption et infractions assimilées, notamment l'habilitation de certains cadres de l'ANLC-PBG à enquêter en tant qu'officier de police judiciaire conformément à l'article 34 du code de procédure pénale[93], des insuffisances demeurent

[93] Article 32 : Les fonctionnaires et agents des administrations et services publics auxquels les textes spéciaux attribuent certains

cependant, notamment la promulgation des décrets portant application de certaines dispositions de la Loi portant prévention, détection et de répression de la corruption et des infractions assimilées.

119. Faut-il oublier de rappeler que l'ANLC est créé par un décret[94], une base juridique décrite comme étant relativement faible, en lieu et place d'une loi en contradiction de l'article 5.1 de la Convention de l'UA sur la prévention et la lutte contre la corruption[95] qui préconise la mise en place des *« mesures législatives »*. Elle est également rattachée à la Présidence de la république[96] or, « *la manière dont l'OLC est conçu et placé dans la structure gouvernementale est cruciale, que ce soit pour préserver son autonomie professionnelle et son indépendance institutionnelle, ou pour garantir sa responsabilité professionnelle et son évaluation au fil du temps. Toute faiblesse dans sa conception, ou toute défaillance dans ses performances, rendront probablement l'organisme inutile. »*

120. Sans compter le fait que l'institution ne compte pas suffisamment d'effectifs pour mieux fonctionner, les agents actuels, comprenant les fonctionnaires mis à disposition et les Agents contractuels, comme effectif ne

---

pouvoirs de police judiciaire exercent ces pouvoirs dans les conditions et limites fixées par ces textes.

[94] Décret N°D/2018/241/PRG/SGG « l'Agence Nationale de Lutte contre la Corruption et de Promotion de la Bonne gouvernance déjà cité.

[95] CUACC; article 10 *: « Aux fins de l'application des dispositions de l'article 2 de la présente convention, les Etats parties s'engagent à : Adopter les mesures législatives et autres mesures requises pour définir comme infractions pénales, les actes visés au paragraphe 1 de l'article de la présente Convention ».*

[96] Article 2 du Décret N°D/2018/241/PRG/SGG « l'Agence Nationale de Lutte contre la Corruption et de Promotion de la Bonne gouvernance déjà cité.

permettent pas de couvrir toute l'étendue du territoire national (sept antennes régionales et la zone de Conakry).

B- LA CELLULE NATIONALE DE TRAITEMENT DES INFORMATIONS FINANCIÈRES

121. C'est un service de renseignement financier. La CENTIF est une Autorité administrative indépendante placée sous la tutelle de la Banque la Banque Centrale de la République de Guinée, instaurée par l'article 75 de la loi ordinaire L2021/024//AN relative à la lutte contre le blanchiment de capitaux et le financement du terroriste en République de Guinée, elle agit pour un système financier intègre et réactif, une économie assurée et un climat des affaires sécurisé en luttant contre le blanchiment de capitaux et le financement du terrorisme conformément à l'article 05 de la loi ordinaire L2021/024//AN relative à la lutte contre le blanchiment de capitaux et le financement du terroriste en République de Guinée.

122. Ses attributions sont prévues par les dispositions de l'article 76[97], qui disposent que la CENTIF :

– Sert de centre national pour la réception et l'analyse des déclarations d'opérations suspectes et des autres opérations visées à l'article 46 alinéa 1[98] concernant le blanchiment de capitaux, les infractions sous-jacentes associées et le financement du terrorisme, et pour la dissémination du résultat de l'analyse de ces déclarations ;

---

[97] La loi ordinaire L2021/024//AN relative à la lutte contre le blanchiment de capitaux et le financement du terroriste en république de Guinée

[98] La loi ordinaire L2021/024//AN relative à la lutte contre le blanchiment de capitaux et le financement du terroriste en république de Guinée déjà citée

– Reçoit également toutes autres informations utiles ou nécessaires à l'accomplissement de sa mission, notamment celles communiquées par les autorités compétentes ;

– Peut demander la communication d'informations détenues par les assujettis à la présente loi, même sans une déclaration préalable de l'assujetti concerné, ainsi que par toute personne physique ou morale, susceptible de permettre d'enrichir son analyse ;

– Peut demander communication de la gamme la plus large possible d'informations financières et administratives et d'informations des autorités de poursuite pénale nécessaires pour exercer correctement ses fonctions. Sont ainsi couvertes les informations de sources ouvertes ou publiques, les informations pertinentes recueillies et/ou conservées par ou pour le compte d'autres autorités et, le cas échéant, les données à vocation commerciale ;

– Effectue des analyses opérationnelles en exploitant les informations disponibles et qui peuvent être obtenues afin d'identifier des cibles spécifiques, de suivre la trace d'activités ou d'opérations particulières et d'établir les liens entre ces cibles et le possible produit d'un crime, le blanchiment de capitaux, les infractions sous-jacentes et le financement du terrorisme ;

– Effectue des analyses stratégiques en exploitant les informations disponibles et qui peuvent être obtenues, y compris des données fournies par d'autres autorités compétentes, afin d'identifier les tendances et schémas en matière de blanchiment de capitaux et de financement du terrorisme ;

– Dissémine, spontanément et sur demande, les informations et le résultat de ses analyses aux autorités compétentes concernées ;

– Emet des avis sur la mise en œuvre de la politique de l'Etat en matière de lutte contre blanchiment de capitaux et le financement du terrorisme et propose toutes réformes nécessaires au renforcement de son efficacité ;

– Est responsable de la réglementation et du contrôle du respect par les entreprises et professions non-financières désignées des obligations prévues de la présente loi ;

– Protège les informations qu'elle reçoit en : adoptant des règles relatives à la sécurité et à la confidentialité des informations détenues, y compris des procédures pour leur traitement, leur stockage, leur dissémination, leur protection et leur consultation ; veillant à ce que son personnel dispose des autorisations d'accès nécessaires et comprenne ses responsabilités au regard du traitement et de la dissémination d'informations sensibles et confidentielles ; limitant l'accès à ses installations et informations, y compris à ses systèmes informatiques.

123. La CENTIF est responsable de la règlementation et du contrôle du respect par les entreprises et professions non-financières désignées, des obligations visant la lutte contre le blanchiment de capitaux et le financement du terrorisme prévu par la loi contre le blanchiment de capitaux et le financement du terrorisme (LBC/FT) en République de Guinée et des autres actes juridiques permettant son exécution.

124. Par l'étendue de ses missions, la CENTIF constitue le pivot du dispositif national de lutte contre le blanchiment de capitaux et le financement du terrorisme (LBC/FT) en République de Guinée[99].

---

[99] Présentation de la CENTIF, disponible sur centif.guinee.org

125. Même si son champ d'application est régi par une loi spéciale[100], la corruption étant une infraction multiforme, la lutte contre la corruption et infractions assimilées et celle contre le blanchiment des capitaux et le financement du terrorisme se côtoient intimement. Au côté de ces organes spécialisés, il y a des organes de contrôle communs qui participent à la lutte contre la corruption.

PARAGRAPHE II : LES ORGANES COMMUNS DE CONTRÔLE ET DE LUTTE CONTRE LA CORRUPTION

126. La lutte contre la corruption est globale, multiforme et générale. Toute la chaîne de l'administration doit y participer pour un résultat satisfaisant. C'est pourquoi, nonobstant l'existence des structures spécialisées, il y a des mécanismes de prévention et de sanction de type administratif **(A),** mais aussi le concours des juridictions de droit commun et spécialisé **(B)** qui servent de moyens de dissuasion et de répression des actes de corruptions et pratiques assimilées.

À- LES MÉCANISMES ADMINISTRATIFS DE PRÉVENTION ET DE LUTTE CONTRE LA CORRUPTION ET INFRACTIONS ASSIMILÉES

127. Dans cette partie, nous allons étudier les mesures préconisées par le contrôle hiérarchique (1), mais aussi les organes d'inspection de l'administration (2).

1- Mesures de contrôle administratif :

128. ***a) Les mesures de contrôles administratifs*****,** concourant à la lutte contre la corruption et pratiques

---

[100] La loi ordinaire L2021/024//AN relative à la lutte contre le blanchiment de capitaux et le financement du terroriste en république de Guinée déjà citée

assimilées : Le contrôle administratif est une vérification du respect de la règle de droit dans les services publics par l'autorité administrative elle-même[101]. Cette autorité est incarnée par une personne physique qui doit veiller à ce que les agents mis sous sa subordination respectent la procédure. Le devoir de veiller sur le respect de la probité et les bonnes pratiques est une responsabilité mise à la charge du chef hiérarchique sur ses subordonnés ; il ne peut donc pas ne pas exercer ce contrôle sous peine de se voir frappé de sanction. Cette position est confortée par les dispositions de l'article 54 du statut général des agents de l'État[102] qui disposent : *« le chef hiérarchique n'est dégagé d'aucune des responsabilités qui lui incombent du fait de l'action de ceux qui sont placés sous ses ordres, son autorité ou son contrôle »*. À ce titre, le contrôle administratif est d'abord exercé par le chef direct de l'agent public concerné nonobstant l'existence des organes de contrôle institués. En cas de manquement grave à la probité de la part d'un agent, son supérieur hiérarchique ou celui au plus haut sommet peut prendre des sanctions sans préjudice des poursuites judiciaires, ce conformément aux dispositions de l'article 68 du statut général des agents de l'État[103] qui dispose : *« tout manquement de l'agent de l'État à ses devoirs dans le cadre de l'exercice de ses fonctions l'expose à une sanction disciplinaire sans préjudice, le cas échéant, de l'application des peines prévues par le Code pénal »*.

129. **b*) Le contrôle des services d'inspection,*** l'Inspection générale des Finances a été restructurée par le

---

[101] Disponible à ce jour 07 juillet 2022 sur : www.doc-du-juriste.com/droit-public-et-international/droit-administratif/fiche/co .

[102] La loi L/2019/0027/AN du 09 juin 2019, portant statut général des agents de l'Etat.

[103] La loi L/2019/0027/AN du 09 juin 2019, portant statut général des agents de l'Etat déjà cité.

décret D/2013/N° 007/PRG/SGG du 10 janvier 2013, placé sous l'autorité du Ministère de l'Économie et des Finances, l'Inspection générale des Finances a pour missions entre autres, de :

- Contrôler l'ensemble des services et organismes économiques et financiers relevant du Département ou placé sous sa tutelle en vue d'améliorer leurs performances techniques et leur gestion ;
- Contrôler la gestion des comptables publics selon les règles propres à chaque catégorie de comptables indépendamment des contrôles des supérieurs hiérarchiques et des corps de contrôle compétents ;
- Procéder au contrôle de la gestion des ordonnateurs ainsi qu'au contrôle des comptabilités administratives des ordonnateurs secondaires.

130. L'Inspection générale, est aussi un service d'appui des ministères conformément aux dispositions de l'article 13 de la loi L/2018/N° 025/AN portant organisation générale de l'Administration publique[104], en tant que service d'appui, elle est chargée *« d'assurer les tâches d'administration, de gestion des ressources humaines, financières et matérielles ; de contrôle ; de communication ; de programmation et d'évaluation des activités du ministère. »* Dans sa mission de contrôle financier, l'inspection générale s'assure au sein du ministère et des services rattachés que les bonnes pratiques de gestion des fonds publics soient observées. Elle contribue dans cette lutte globale contre les pratiques assimilées à la corruption à travers l'exigence d'application des règles et bonnes pratiques de l'exécution budgétaire.

[104] Article 13 : « La structure ministérielle comprend : …, les services d'appui dont : l'inspection générale ; … »

B- LES MÉCANISMES JURIDICTIONNELS DE PRÉVENTION ET DE LUTTE CONTRE LA CORRUPTION ET INFRACTIONS ASSIMILÉES

131. À côté de la prévention, la répression ne doit pas être loin. Il est d'expérience que dans certains cas, la dissuasion ne suffit pas à décourager les candidats à renoncer à leurs projets funestes de corruption ; c'est là que la justice, notamment celle répressive rentre en jeu. Dans notre système judiciaire, cette répression est exercée par les tribunaux de droit commun (a), mais aussi par des juridictions spécialisées en la matière (b) qui concourent à la lutte contre la corruption et infractions assimilées :

132. **a) *Les tribunaux de droit commun*,** siégeant en matière correctionnelle : ce sont notamment les tribunaux de première instance en premier ressort, les Cours d'appel en appel et la Cour suprême en cassation. Ces juridictions, régies par la loi L 2015/N° 019/AN portant organisation judiciaire en République de Guinée, ont des compétences générales en toutes matières sous réserve des matières spécialement affectées à des juridictions spéciales. L'article 27[105] al. 1 dispose que *: « le tribunal de première instance connaît des toutes les affaires civiles, administratives, commerciales, sociales et pénales pour lesquelles compétence n'est pas expressément attribuée à une autre juridiction. ».* Ce qui fait des tribunaux de première instance et les cours d'appel, des institutions judiciaires de répressions de la corruption de premier plan ;

133. **b) Les *juridictions spécialisées dans la prévention et la répression des infractions de corruption et autres atteintes à la probité* :** il nous paraît nécessaire

[105] La loi L 2015/N°019/AN portant organisation judiciaire en République de Guinée

de parler ici de la Cour de répression des infractions économiques et financières et la Cour des comptes :

134. ***1-La Cour de répression des infractions économiques et financières*** : créée par l'ordonnance N° 2021/0007/PRG/CNRD/SGG portant création, compétence, organisation et fonctionnement la Cour de répression des infractions économiques et financières, la CRIEF est une juridiction spéciale qui a vue jour suite au changement de régime intervenu à la suite du coup d'État en date du 05 septembre 2021 en vue de ''lutter contre la délinquance financière qui gangrène l'économie du pays''. L'article 5[106] dispose que : *« la répression des infractions à caractère économique ou financier suivantes est attribuée à la CRIEF dont le montant est égal ou supérieur à un milliard de francs guinéens GNF 1 000 000 000 :… ; la corruption des agents publics nationaux, étrangers ou internationaux ; la corruption dans le secteur privé »*. Cette juridiction à compétence nationale[107] ne dessaisit pas les juridictions de toutes matières de sa compétence, car pour qu'elle statue conformément à l'article 5, il faut que le montant en cause soit supérieur ou égal à un milliard de francs guinéens GNF 1 000 000 000. Cependant, elle acquiert d'importants pouvoirs pour lutter contre la corruption ; en adoptant l'ordonnance N° 2021 /0008/PRG/CNRD/SGG du 02 décembre 2021 portant amendement de l'ordonnance N° 2021 /0007/PRG/CNRD/SGG portant création,

[106] L'ordonnance N°2021 /0007/PRG/CNRD/SGG portant création, compétence, organisation et fonctionnement la Cour de répression des infractions économiques et financières

[107] Article 8 de l'ordonnance N°2021 /0007/PRG/CNRD/SGG portant création, compétence, organisation et fonctionnement la Cour de répression des infractions économiques et financières ; « la compétence territoriale de la CRIEF s'étend à l'ensemble du territoire national de la république de Guinée ».

compétence, organisation et fonctionnement la Cour de répression des infractions économiques et financières, la CRIEF résout deux problèmes majeurs qui faisaient obstacles à la poursuite des personnalités haut placées qui pouvaient être mêlé à des délits de corruption et pratiques assimilées :

- **L'imprescriptibilité des délits de corruption et infractions assimilées :** la réaffirmation du principe d'imprescriptibilité des crimes économiques et financiers tel que prévu par les dispositions de l'article 4 de LAC et ;
- **La suppression des immunités de juridiction :** la suppression des immunités et privilèges de juridiction[108] qui protégeaient jusque-là de nombreuses personnalités, notamment les présidents de la République, les ministres et autres hauts cadres de l'administration centrale, ce qui a permis d'engager des poursuites judiciaires contre d'importantes personnalités politiques de premier rang, notamment des anciens ministres et autres hauts cadres jusque-là jamais inquiétés par la justice guinéenne.

135. À la date du 15 mars 2022, la CRIEF affirmait avoir engagé des poursuites judiciaires contre plusieurs

---

[108] Les Articles 2 et 4 de l'ordonnance N°2021 /0008/PRG/CNRD/SGG du 02 décembre 2021 portant amendement de l'ordonnance N°2021 /0007/PRG/CNRD/SGG portant création, compétence, organisation et fonctionnement la Cour de répression des infractions économiques et financières, qui disposent successivement : « les immunités et privilèges de juridiction reconnus à certaines personnes, autorités ou agents publics tels que prévus par la législation en vigueur au moment des faits incriminés, conformément au code pénal et au code de procédure pénal, sont inopposables et inopérants à l'égard de la Cour de répression des infractions économiques et financières » « la Cour de répression des infractions économiques et financières est compétente pour connaître de tous les faits, antérieurs ou non à sa création, relevant de son domaine de compétence. Les infractions prévues aux articles 5 et 6 de de l'ordonnance N°2021 /0007/PRG/CNRD/SGG en date du 02 décembre 2021 sont imprescriptibles ».

personnes, vingt-huit (28) dossiers en instance dont vingt-six (26) en instruction, deux (2) en jugement et 114 personnes physiques sont inculpées dont cent six (106) en liberté et huit (08) en détention[109], un chiffre qui a évolué considérablement depuis. À date, c'est la juridiction la plus dissuasive en Guinée en matière de lutte contre la corruption et pratiques assimilées ;

136. ***2-La Cour des comptes,*** *juridiction de contrôle a posteriori des finances publiques*[110] : instituée par la loi organique L/2013/046/CNT du 18 janvier 2013 portant organisation, attributions et fonctionnement de la Cour des comptes et le régime disciplinaire de ses membres, modifiée dans certaines de ses dispositions par la Loi organique L/2013/066/CNT du 12 décembre 2013. Elle dispose des attributions juridictionnelles et consultatives conformément aux dispositions de l'article 3 in fine[111] ; la Cour des comptes est une juridiction qui contribue aussi à la lutte contre la corruption en République de Guinée, elle veille au respect des principes de sincérité des comptes publics.

137. L'article 4 de la loi organique L/2013/046/CNT du 18 janvier 2013 portant organisation, attributions et fonctionnement de la Cour des comptes et le régime disciplinaire de ses membres : *« la Cour des comptes, dans le cadre de ses attributions juridictionnelles et consultatives précisées par la présente loi organique,*

---

[109] Information obtenue par l'agence guinéenne de presse (AGP) suite à la conférence de presse organisée par la CRIEF, disponible ce jour 08 juillet sur http:www.agpguinee.com

[110] Article 3 de par la loi organique L/2013/046/CNT du 18 janvier 2013 portant organisation, attributions et fonctionnement de la Cour des comptes et le régime disciplinaire de ses membres.

[111] La loi organique L/2013/046/CNT du 18 janvier 2013 portant organisation, attributions et fonctionnement de La Cour des comptes et le régime disciplinaire de ses membres déjà cité.

contribue aux missions suivantes : ... ; la lutte contre le détournement des deniers publics, la corruption et toutes infractions économiques. » Les décisions prises par elle dans le cadre de ses attributions juridictionnelles sont opposables à tous, car en tant que décision de justice. Elle juge la régularité des comptes publics des comptables publics de l'État, des collectivités locales et des établissements publics conformément à l'article 5, elle juge aussi les comptables de fait (article 6)[112] ; elle peut contraindre les comptables défaillants à respecter les règles en les obligeant à payer les écarts constatés dans les comptes. À travers ses nombreux arrêts sur les comptes publics qu'elle examine, la Cour des comptes nous permet d'avoir une large information sur la gestion de certains organismes publics, contribuant ainsi à lutter contre les pratiques peu catholiques. Qu'en est-il des efforts fournis à l'international pour endiguer le fléau de la corruption ? **(Section II).**

SECTION II : les moyens de lutte contre la corruption au plan international

138. L'impact de la corruption et infractions assimilées sur l'économie mondiale est si importante que la communauté internationale, sous l'égide de l'Organisation des Nations Unies et de l'Union africaine ainsi que d'autres organismes sous régionaux a préconisé une lutte concertée, basée sur des instruments juridiques communs en vue d'endiguer le phénomène. Cette implication globale donne à la lutte un coup de fouet accélérateur et complique la tâche aux corrupteurs à l'échelle

---

[112] Article 6 : « Est réputé comptable de fait toute personne qui effectue, sans y être habilité par une autorité compétente, des opérations de recettes, de dépenses, de détention ou de maniement de fonds ou valeur appartenant à un organisme public »

internationale. Pour une bonne compréhension, nous allons voir l'implication des Nations Unies dans la lutte contre la corruption **(Paragraphe I),** avant de jeter un œil vigilant sur l'implication de l'Union africaine dans la lutte contre la corruption **(Paragraphe II).**

PARAGRAPHE I : L'IMPLICATION DES NATIONS UNIES DANS LA LUTTE CONTRE LA CORRUPTION

139. Conscient du danger que représente la corruption pour la paix et la stabilité dans le monde, l'Organisation des Nations Unies, en tant qu'organisation faîtière de tous les États reconnus du monde a cru bon de prendre des mesures visant à réduire les effets de cette pratique sur l'économie de ses États membres. *Préoccupée par la gravité des problèmes et des menaces qu'engendre la corruption pour la stabilité et la sécurité des sociétés, sapant les institutions et les valeurs démocratiques ainsi que les valeurs morales et la justice et compromettant le développement durable et l'état de droit*[113]. L'ONU va prendre à bras le corps la lutte contre la corruption, en 2003, la résolution 58/4 de l'Assemblée générale du 31 octobre 2003 adopte la Convention des Nations Unies contre la corruption, instrument international de lutte contre les pratiques néfastes comme la corruption et pratiques assimilées.

140. L'adhésion de la Guinée s'est opérée par la loi L/2011/009/AN, du 6 décembre 2011 autorisant la ratification de la convention des Nations unies contre la corruption, la CNUCC se veut un instrument juridique de référence et de coopération internationale dans la lutte

---

[113] Paragraphe 9 de la résolution 58/4 de l'Assemblée générale du 31 octobre 2003 portant Convention des Nations Unies contre la corruption

contre les pratiques illicites et le crime organisé au niveau mondial. Pour être plus efficace, l'ONU avait déjà anticipé la lutte en se dotant de l'Office des Nations Unies contre la drogue et le crime dès 1997 par la fusion du Programme des Nations unies pour le contrôle international des drogues (PNUCID) et du Centre pour la prévention internationale du crime des Nations unies (CPIC), l'organe fut initialement appelé Bureau du contrôle des drogues et de la prévention du crime et rebaptisé en octobre 2002[114]. La Convention des Nations Unies contre la corruption est à la fois un instrument de prévention, d'incrimination, de coopération et d'assistance technique.

141. **1-La prévention :** l'article 5 de la CNUCC préconise les mesures de prévention suivantes :

- Chaque État Partie élabore et applique ou poursuit, conformément aux principes fondamentaux de son système juridique, des politiques de prévention de la corruption efficaces et coordonnées qui favorisent la participation de la société et reflètent les principes d'état de droit, de bonne gestion des affaires publiques et des biens publics, d'intégrité, de transparence et de responsabilité ;
- Chaque État Partie s'efforce de mettre en place et de promouvoir des pratiques efficaces visant à prévenir la corruption ;
- Chaque État Partie s'efforce d'évaluer périodiquement les instruments juridiques et mesures administratives pertinents en vue de déterminer s'ils sont adéquats pour prévenir et combattre la corruption ;
- Les États Parties collaborent, selon qu'il convient et conformément aux principes fondamentaux de leur système juridique, entre eux et avec les organisations

[114] Présentation de l'ONUDC, sur www.unodc.org disponible à ce jour 12 juillet 2022.

régionales et internationales compétentes pour la promotion et la mise au point des mesures visées dans le présent article. Dans le cadre de cette collaboration, ils peuvent participer à des programmes et projets internationaux visant à prévenir la corruption.

142. **2-L'Incrimination et répression :** l'article 15 de la CNUCC impose à chaque État parti l'adoption des mesures législatives et autres instruments nécessaires pour conférer le caractère d'infraction pénale, lorsque les actes ont été commis intentionnellement. Sans oublier la préconisation du rallongement des délais de prescription ou sa suppression et la fixation de peines toujours plus sévères et autres mesures telles que le gel, saisie, et confiscation des produits de corruption et infractions assimilées ;

143. **3-La Coopération internationale [115]:** Les États Parties coopèrent en matière pénale conformément aux articles 44 à 50 de la CNUCC, ce qui implique la facilitation des extraditions des personnes poursuivies pour corruption lorsque le système le permet, le transfèrement des personnes condamnées et l'entraide judiciaire lorsque les procédures des pays requérants offrent des garanties d'une justice équitable ;

144. **4-Le Recouvrement des avoirs issus de la corruption et pratiques assimilées :** La restitution d'avoir est un principe fondamental de la Convention des Nations-Unies contre la corruption, et les États Parties s'accordent mutuellement la coopération et l'assistance la plus étendue à cet égard.

145. L'Office des Nations Unies contre la drogue et le crime dans ses prérogatives de lutte contre la corruption organise des activités avec les sociétés civiles en matière de lutte contre la corruption en les octroyant des

[115] Article 43 et suivants de la CNUCC

subventions, conformément à l'article 13 de la CNUCC, ces organisations de la société civile (OSC) se révèlent souvent très efficaces dans la lutte contre la corruption, elles sont animées par des citoyens ordinaires qui ont à cœur l'ambition de sociétés dans lesquelles les richesses sont équitablement partagées ; autonome dans leurs gestions et fonctionnements, les OSC sont d'excellentes partenaires pour lutter contre les mauvaises pratiques ; elles excellent là où les États font preuves de légèreté ou accommodation à la corruption. Depuis le 31 décembre 2003, la date du 9 décembre est proclamée comme journée internationale de lutte contre la corruption par les Nations Unies dans sa résolution 58/4 de l'assemblée générale, pour attirer l'attention du public sur les problématiques de lutte contre la corruption. Qu'en est-il des moyens préconisés par l'Union africaine ? **(Paragraphe II).**

PARAGRAPHE II : L'IMPLICATION DE L'UNION AFRICAINE DANS LA LUTTE CONTRE LA CORRUPTION

146. Il est établi dans toutes les études et statistiques que plus les pays sont pauvres, plus le risque de corruption est élevé, les classements des pays du sud dans les différents rapports sur la corruption dans le monde fondent de cette réalité[116]. C'est conscients de cet état de fait que les États africains, réunis au sein de l'Union Africaine ont décidé de faire du combat contre la corruption et infractions assimilées son cheval de bataille bien avant les Nations Unies : s'il a fallu attendre l'année 2003 pour que l'assemblée générale de l'Organisation des Nations Unies adopte la résolution 58/4 de l'Assemblée générale du 31 octobre 2003 portant Convention des Nations Unies contre

[116] Les différents rapports de Transparency international depuis sa création.

la corruption, l'Union Africaine quant à elle avait déjà adoptée par la 2e session ordinaire de la conférence de l'Union à Maputo, le 11 juillet 2003 portant convention de l'Union Africaine sur la prévention et la lutte contre la corruption, soit deux mois avant la CNUCC. Cette convention, à l'image de celle que nous venons d'étudier[117] est un instrument multilatéral de prévention et de lutte contre la corruption. C'est, *« préoccupés par les effets négatifs de la corruption et de l'impunité sur la stabilité politique, économique, sociale et culturelle des pays africains, et ses conséquences néfastes sur le développement économique et social des peuples africains » et « convaincus de la nécessité de mettre en œuvre, en priorité, une politique pénale commun pour protéger la société contre la corruption, y compris l'adoption des mesures législatives appropriées et de mesures de prévention adéquates »*[118] que l'UA a adopté cette convention pour harmoniser les moyens de lutte de ses pays membres.

147. Ratifiée par la Guinée par la loi L/2005/008/AN, du 4 juillet 2005, autorisant la ratification de la convention l'Union Africaine sur la prévention et la lutte contre la corruption, la particularité de cette convention est l'accent mis sur la prévention contre la corruption et pratiques assimilées dans l'intitulé même de la convention ; ce qui n'est pas sans importance, car, elle insiste sur la nécessité de prévenir la corruption.

148. La lutte en Afrique contre la corruption et pratiques assimilées est une bataille compliquée, car, la corruption revêt un caractère institutionnel et structurel en

117 Paragraphe ci-dessus.

118 Paragraphe 6 et 9 de la convention de l'Union Africaine sur la prévention et la lutte contre la corruption.

Afrique ; elle se dissimule dans les sphères les plus élevés des pouvoirs publics, ce qui annihile tout effort d'éradication de ce phénomène. Dans un rapport réalisé au Kenya dont le titre portait sur *"La corruption au Kenya : décryptage d'un phénomène aux multiples facettes"*[119], il a été constaté que la corruption présentait de multiples facettes. En effet, le rapport fait des remarques suivantes :

- ***La corruption est politico-administrative***, ce qui provoque la confusion des intérêts publics et privés ;
- ***L'attitude des citoyens est ambiguë,*** elle met la lumière sur une forme de passivité des citoyens et une attitude complice qui les range dans la catégorie des victimes passives et acteurs de la corruption ;
- ***L'instrumentalisation de la lutte contre la corruption*** comme armes électorales qui sert non seulement à décrédibiliser des adversaires redoutables, mais aussi à les éliminer par des procédures judiciaires douteuses.

149. Anne LE ROLLAND[120] affirme que *« la lutte contre la corruption ressemble à un programme politique superficiel et partisan ! Une situation qui tend à ancrer les pratiques et faire croire qu'à un moment ou un autre tout le monde aura à y gagner, il suffit d'attendre son tour ! ».*

150. Autant dire que l'Afrique a du chemin à parcourir pour venir à bout de la corruption et ses pratiques voisines. Que pouvons-nous nous faire plus ?

---

[119] Rapport réalisé par Acte international Group, disponible ce jour 13 juillet 2022 sur le site du group

[120] Experte en Prévention de Corruption Internationale (DG ACTE International Groupe).

TROISIÈME PARTIE :

MESURES UTILES À ADOPTER AFIN D'ENDIGUER LE PHÉNOMÈNE DE CORRUPTION

150. Après ce tableau macabre d'une situation sans issue, pouvons-nous arrêter là sans perspective d'endiguement ? La réponse négative s'impose d'elle-même. « Si on se complaît dans le défaitisme, la bataille du développement sera également perdue. Le développement et la corruption sont très corrélés[121] ». Tous les rapports (nationaux ou internationaux) produits à ce sujet indiquent la corruption comme faisant partie des facteurs qui font frein à l'essor économique. Une série de mesures fortes et indispensables sont à envisager pour arrêter cette hémorragie, ce qui nécessite un renforcement des mécanismes de lutte existants **(Chapitre I)**, mais aussi l'adoption d'autres mécanismes innovants ayant prospéré ailleurs **(Chapitre II)**.

---

[121] Bachir RACHDI, Président de l'Instance Nationale de la Probité, de la Prévention et de la Lutte contre la Corruption (INPPLC), Maroc, article disponible au https://economie-entreprises.com/2017/01/02/corruption-le-combat-est-il-perdu-davance/

CHAPITRE I :

UN RENFORCEMENT NÉCESSAIRE DES MÉCANISMES DE LUTTE EXISTANT

151. Si le combat contre la corruption est loin d'être gagné en Guinée, notre pays n'est pas resté les bras croisés depuis tout ce temps. Une série de réformes ayant abouti à la création de divers organismes de lutte est la preuve d'une volonté politique affirmée d'endiguer le phénomène - du moins en théorie- afin de faire partie des pays les moins corrompus au monde, à travers divers rapports internes et internationaux, notre connaissance sur le sujet a beaucoup évolué, il est aujourd'hui possible de cibler de manière efficace les points les plus critiques pour y focaliser la lutte et ainsi obtenir des résultats. Cette lutte implique une forte collaboration institutionnelle entre les services de tous les organismes intervenant dans la lutte contre la corruption, en vue d'harmoniser la lutte **(Section I)**, sans oublier d'élargir les cibles en impliquant d'autres structures non étatiques, mais dont la collaboration peut s'avérer très utile **(Section II)**.

SECTION I : La création d'un mécanisme de collaboration institutionnelle

152. Dans la lutte contre la corruption, « certains pays ont mis en place une institution séparée et centralisée traitant exclusivement des questions de corruption, tandis que d'autres ont choisi de renforcer les compétences en

matière de lutte contre la corruption d'institutions existantes. Certains ont opté pour une combinaison de ces deux approches ; et d'autres enfin se sont dotés de plusieurs organes spécialisés avec des mandats complémentaires pouvant parfois se recouper. »[122] La Guinée est dans cette troisième catégorie, sans pour autant donner l'impression que cet ensemble d'organes de luttes collabore efficacement pour porter des résultats, c'est pourquoi, il faut une organisation par hiérarchie des organismes de lutte contre la corruption **(Paragraphe I)**, en plus, il faut ériger le partage d'information entre services comme principe de collaboration **(Paragraphe II)**.

PARAGRAPHE I : UNE HIÉRARCHISATION DES ORGANISMES DE LUTTE CONTRE LA CORRUPTION

153. L'article 6 de la Convention des Nations unies contre la corruption (CNUCC) appelle les États partis à mettre en place un ou plusieurs organes indépendants pour prévenir la corruption et à les doter de la formation, des ressources matérielles et du personnel spécialisé nécessaires à la réalisation de ses objectifs[123]. L'article

---

[122] Organismes de lutte contre la corruption: centralisés ou décentralisés ?Marie Chêne, Transparency International, mchene@transparency.org ; disponible ce jour 06/05/2023 sur https://knowledgehub.transparency.org/assets/uploads/helpdesk/323FR_Organismes_de_lutte_contre_la_corruption-centralises_ou_decentralises.pdf

[123] Article 6 : « Chaque État Partie fait en sorte, conformément aux principes fondamentaux de son système juridique, qu'existent un ou plusieurs organes, selon qu'il convient, chargés de prévenir la corruption par des moyens(...) Chaque État Partie accorde à l'organe ou aux organes visés au paragraphe 1 du présent article l'indépendance nécessaire, conformément aux principes fondamentaux de son système juridique, pour leur permettre d'exercer

premier du décret N° D/2018/241/PRG/SGG portant attributions, organisation et fonctionnement de l'organe chargé de la lutte contre la corruption et de la promotion de la bonne gouvernance l'ANLC-PBG dispose *« il est créé un organisme spécialisé dénommé l'Agence Nationale de Lutte contre la Corruption et de Promotion de Bonne Gouvernance (ANLC-PBG)* ». Ce qui fait de cette institution l'organisme par excellence, du fait de sa spécialisation dans la lutte contre la corruption et la promotion de la bonne gouvernance, l'ANLC-PBG devrait naturellement prendre le leadership dans la lutte contre la corruption en étroite collaboration avec tous les autres organes de contrôle de l'État.

154. Afin d'assurer une efficacité optimale dans cette lutte, il est essentiel d'établir une hiérarchisation claire des organismes de lutte contre la corruption. Au sommet de cette hiérarchie doit être placée l'agence nationale de lutte contre la corruption et la promotion de la bonne gouvernance, en tant qu'organe indépendant de lutte contre la corruption. Cet organisme doit être chargé de coordonner l'ensemble des efforts de lutte contre la corruption au niveau national. Il doit être également doté de pouvoirs étendus pour enquêter sur des affaires de corruption, collecter des preuves, engager des poursuites et proposer des réformes législatives visant à renforcer les dispositifs anti-corruption.

155. Si rien n'indique clairement quelle approche est la plus efficace pour lutter contre la corruption, mais généralement, le principal facteur déterminant l'efficacité

---

efficacement leurs fonctions à l'abri de toute influence indue. Les ressources matérielles et les personnels spécialisés nécessaires, ainsi que la formation dont ces personnels peuvent avoir besoin pour exercer leurs fonctions, devraient leur être fournis. »

de la lutte dépend l'indépendance de l'institution, son degré de spécialisation, son intégrité, ses ressources ou encore le soutien politique dont elle dispose. Les organismes de lutte contre la corruption ne peuvent réussir que si tous les autres organes complémentaires de lutte coopèrent pleinement.

156. La compétence juridictionnelle de la Cour des comptes, combinée à la spécialisation de l'ANLC, doit être le principal atout pour juguler la lutte contre la corruption et infractions assimilées ; sans oublier que la CRIEF, juridiction de répression des délits économiques et financiers est un véritable outil de dissuasion et d'éradication des atteintes à la probité.

157. Pour réussir le pari, il faut renforcer les compétences de l'ANLC-PBG, organe spécialisé de lutte contre la corruption ayant un rôle spécifique dans la prévention, la détection et la répression de la corruption, la doter de moyens humains et financiers conséquents à la hauteur de la volonté de lutter contre la corruption pour qu'elle joue efficacement le rôle qui est le sien. Ce renforcement doit lui donner une place de premier plan dans l'ordonnancement juridique ; ce qui nécessite que les autres structures puissent exploiter ses travaux dans leurs activités de lutte contre la corruption.

158. Il est important de souligner que cette hiérarchisation ne doit pas être considérée comme une échelle de valeurs, mais plutôt comme une répartition des rôles et des responsabilités. Chaque organisme, quel que soit son niveau dans la hiérarchie, joue un rôle crucial dans la lutte contre la corruption. Une coordination efficace et une collaboration étroite entre ces organismes sont essentielles pour atteindre des résultats significatifs

dans la lutte contre la corruption et promouvoir l'intégrité et la transparence dans la société. D'un autre côté, il faut faire du partage de renseignement inter services, une priorité absolue **(Paragraphe II)**.

PARAGRAPHE II : L'INSTAURATION D'UNE APPROCHE COLLABORATIVE POUR ÉRADIQUER LA CORRUPTION

159. La lutte contre la corruption est une préoccupation nationale. Pour y faire face de manière efficace, il est essentiel que les différents services gouvernementaux travaillent en étroite collaboration et partagent des informations cruciales pour débusquer les délinquants. L'importance du partage d'informations entre les divers services impliqués dans la lutte contre la corruption est difficilement contestable, d'autant plus qu'il permet de coordonner la lutte. L'absence de partage d'informations peut être un frein à la lutte (A), alors que l'inverse pourrait être très bénéfique (B).

A. LES PROBLÈMES LIÉS À L'ABSENCE DE PARTAGE D'INFORMATIONS :

160. **1. Cloisonnement d'informations :** La multiplication des bases de données et leur cloisonnement limitent la visibilité globale sur les cas de corruption dans de nombreux services et organismes de lutte. La gestion opaque des données crée généralement une sorte de rivalité entre différents services, ce qui limite immanquablement les forces de réussite de chacun des services et fait la part belle au profit des cadres véreux qui peuvent laisser des indices un peu partout sans risquer de se faire coincer, faute de coordination ;

161. **2. Manque de coordination entre services :** L'absence de mécanismes de partage d'informations peut entraîner un manque de coordination entre les services, ce

qui nuit aux enquêtes et aux poursuites judiciaires. Le résultat, c'est la rareté des poursuites et la multiplicité des cas infructueux, la justice n'ayant que des preuves partielles, insuffisantes pour obtenir une condamnation pénale à la hauteur du délit.

B. LES AVANTAGES DU PARTAGE D'INFORMATIONS ENTRE SERVICES :

162. **1. Identification de schémas :** Le partage d'informations permet de détecter des schémas de corruption plus facilement en croisant les données provenant de différentes sources. De cette manière, les services peuvent coordonner leurs efforts pour élaborer une stratégie de lutte commune.

163. **2. Réactivité accrue :** En ayant accès à des informations actualisées, les services peuvent agir rapidement pour prévenir ou enquêter sur des cas de corruption. De cette façon, il est certain que l'efficacité des services s'en trouvera en augmenter ;

164. **3. Renforcement de l'efficacité :** La collaboration entre les services permet de rationaliser les processus, d'éviter les doublons d'efforts et de maximiser les ressources disponibles.

165. L'adoption d'un mécanisme de partage d'informations efficaces permet :

- La centralisation des plateformes : La mise en place de plateformes numériques sécurisées permettant le partage d'informations peut faciliter la collaboration entre les services ;

- Le protocole de partage d'informations : Des protocoles clairs et standardisés doivent être établis pour déterminer quelles informations peuvent être partagées et dans quelles conditions.

166. Le partage d'informations entre les différents services de l'État est une stratégie essentielle pour lutter contre la corruption de manière efficace. En brisant les silos d'informations, on favorise la collaboration, les organismes de lutte peuvent identifier plus rapidement les schémas de corruption, agir en conséquence contre ce fléau. La lutte contre la corruption ne se mène pas au seul niveau de l'État, d'autres structures non étatiques doivent être impliquées **(Section II)**.

SECTION II : Le renforcement de la lutte par implication d'autres acteurs

167. La lutte contre la corruption nécessite une approche systémique, car c'est un phénomène social qui ne peut être réduit à une institution. Elle exige aussi, peut-être surtout, le changement des attitudes sociales, plus précisément, le changement de la mentalité et des attitudes pro-corrompus vers des attitudes anti-corrompus[124]. C'est un défi complexe qui nécessite une approche holistique et la participation de multiples acteurs. L'État seul ne peut pas lutter efficacement contre la corruption. D'autant plus que la bonne foi de ses agents peut être sujet à controverse, car, ce sont très souvent eux les coupables et les instigateurs. C'est pourquoi il est primordial, pour la réussite de cette lutte, au côté des organismes publics de lutte, d'accorder une place importante aux forces sociales **(Paragraphe I),** mais aussi de faire de la lutte contre les corruptions mineures, souvent invisibles une autre priorité **(Paragraphe II).**

[124] Piotr STEPNIAK, Pr université de Adam Mickiewicz (Pologne); in Corruption et droit pénal, page 207.

PARAGRAPHE I : L'IMPLICATION DES FORCES SOCIALES DANS LA LUTTE CONTRE LA CORRUPTION

168. L'État lui-même peut être un acteur impliqué dans des actes de corruption à travers ses agents, les organes gouvernementaux peuvent être infiltrés par des individus corrompus, et les mécanismes de contrôle internes peuvent être affaiblis. Dans ces cas, il est peu probable que l'État puisse mener une lutte efficace contre la corruption sans une surveillance et une pression externes. Notamment par la société civile et les organisations non gouvernementales (ON) **(A)**, sans oublier le rôle des médias ainsi que les partis politiques **(B).**

À- LE RÔLE DE LA SOCIÉTÉ CIVILE ET DES ORGANISATIONS NON-GOUVERNEMENTALES

169. Dans la lutte contre les atteintes à l'éthique, il est primordial d'avoir des mécanismes de reddition de comptes qui complètent les efforts de l'État dans la lutte contre la corruption. La société civile désigne le large éventail d'organisations non gouvernementales et à but non lucratif qui animent la vie publique, et défendent les intérêts et les valeurs de leurs membres ou autres, basés sur des considérations d'ordre éthique, culturel, politique, scientifique, religieux ou philanthropique. Le terme fait donc référence à des groupements communautaires, organisations non gouvernementales (ONG), syndicats, organisations de populations autochtones, organisations caritatives, organismes confessionnels, associations professionnelles et fondations privées[125]. Son rôle dans la

[125] Définition donnée par la banque mondiale disponible sur https://apps.apple.com/app/id535886823?pt=9008&ct.

lutte contre la corruption est essentiel. Elles peuvent contribuer à plusieurs niveaux à juguler la lutte notamment par :

170. 1- La surveillance et la dénonciation : Les ONG et la société civile jouent un rôle important dans la surveillance des activités gouvernementales et dans la dénonciation des cas de corruption et autres manquements à l'éthique. À travers différentes techniques, notamment des mécanismes de surveillance des décideurs publics, elles obligent ces derniers à surveiller leurs arrières, ce qui contribue à imposer un devoir d'exemplarité aux agents publics ; en dénonçant les cas de corruption avérés, elles contribuent à mettre le système judiciaire à l'épreuve avec des éléments concrets, ce dernier aura du mal à ne rien faire. Elles contribuent à accroître la transparence et la responsabilité par la promotion de la reddition de comptes.

171. 2- La sensibilisation et l'éducation : Les organisations non gouvernementales doivent souvent mener des campagnes de sensibilisation pour informer le public sur le danger et les conséquences de la corruption ; en œuvrant ainsi, elles contribuent à diminuer le seuil de tolérance des citoyens vis-à-vis des cas de corruption. Elles peuvent organiser des ateliers, de formation, des conférences et d'autres activités pédagogiques et éducatives pour promouvoir la bonne gouvernance et les valeurs éthiques ainsi que sur les moyens de s'opposer à la corruption par des méthodes non violentes telles que les manifestations, les sittings, les pétitions, les plaidoyers, etc.

172. 3- Plaidoyer pour des réformes institutionnelles et la vulgarisation des lois anti-corruption : Les ONG et la société civile jouent un rôle actif dans le plaidoyer en faveur de réformes visant à renforcer les mécanismes anti-corruption ; elles peuvent travailler avec les gouvernements, les parlements et d'autres acteurs pour promouvoir des politiques et des réglementations plus efficaces dans la lutte contre la corruption. Elles peuvent jouer également un rôle important dans la vulgarisation des textes législatifs et réglementaires portant sur la corruption à travers des ateliers de sensibilisation, des formations citoyennes aux bonnes pratiques ainsi que la mise en place des comités de veille citoyenne.

173. 4- Monitoring des institutions et de la transparence : Les ONG et la société civile surveillent souvent les institutions et les processus gouvernementaux pour s'assurer qu'ils sont transparents et responsables. Elles peuvent demander des comptes aux gouvernements et aux acteurs politiques en cas d'allégations de corruption et exiger des réformes pour améliorer la gouvernance.

174. Leur contribution est essentielle pour promouvoir la transparence, la responsabilité et la bonne gouvernance l'article 13 de la convention des Nations unies contre la corruption insiste sur la participation de la société en précisant que : « Chaque État Partie prend des mesures appropriées, dans la limite de ses moyens et conformément aux principes fondamentaux de son droit interne, pour favoriser la participation active de personnes et de groupes n'appartenant pas au secteur public, tels que la société civile, les organisations non gouvernementales et les communautés de personnes, à la prévention de la corruption et à la lutte contre ce phénomène, ainsi que pour mieux sensibiliser le public à l'existence, aux causes et à la gravité de la corruption et à la menace que celle- ci représente. Cette participation devrait être renforcée par des mesures consistant notamment à :

a) Accroître la transparence des processus de décision et promouvoir la participation du public à ces processus ;

b) Assurer l'accès effectif du public à l'information ;

c) Entreprendre des activités d'information du public l'incitant à ne pas tolérer la corruption, ainsi que des programmes d'éducation du public, notamment dans les écoles et les universités ;

d) Respecter, promouvoir et protéger la liberté de rechercher, de recevoir, de publier et de diffuser des informations concernant la corruption.

175. Cette liberté peut être soumise à certaines restrictions, qui doivent toutefois être prescrites par la loi et nécessaire :

i. Au respect des droits ou de la réputation d'autrui ;

ii. À la protection de la sécurité nationale ou de l'ordre public, ou de la santé ou de la moralité publique. »[126] D'un autre côté, les médias peuvent servir de catalyseurs pour donner un bond en avant à la lutte contre la corruption.

B- LE RÔLE DES MÉDIAS AINSI QUE LES PARTIS POLITIQUES DANS LA LUTTE CONTRE LA CORRUPTION

176. Une presse libre et indépendante constitue une vraie sentinelle contre la corruption. Les organismes indépendants, tels que les médias, les institutions académiques et les groupes de surveillance, jouent un rôle crucial en surveillant les actions de l'État et en dénonçant les cas de corruption. Les médias constituent le premier maillon de la chaîne pour la lutte contre la corruption et pratiques assimilées, en menant des enquêtes sérieuses et indépendantes, les journalistes mettent la pression sur le système en mettant au jour des schémas de corruption, des preuves et autres éléments pertinents susceptibles de

[126] Article 13 de la CNUCC

mettre l'opinion dans une position offensive. Des systèmes dans lesquels prospère la corruption sont très généralement caractérisés par l'opacité et le cloisonnement des informations ; seuls des médias indépendants sont en mesure d'éclairer l'opinion sur le sujet, leur indépendance et leur capacité à mobiliser le public peuvent renforcer l'efficacité globale de la lutte contre la corruption. La justice devra particulièrement prêter attention aux révélations faites dans les médias et instruire des affaires à partir des éléments pertinents rendus publics par la presse.

177. Les partis politiques peuvent également jouer un rôle crucial dans la lutte contre la corruption et les pratiques assimilées. Divers leviers permettent aux partis politiques de jouer un rôle important pour dynamiser la lutte contre la corruption :

178. 1- Sensibilisation du public sur les effets de la corruption : Les partis politiques ont une plateforme pour sensibiliser le public aux méfaits de la corruption et mobiliser l'opinion publique en vue d'avoir une attitude plus sévère envers les actes de corruption. Ils peuvent organiser des campagnes de sensibilisation et des débats publics pour informer les citoyens sur les conséquences néfastes de la corruption et sur la nécessité de lutter contre ce fléau. Les partis politiques peuvent jouer un rôle de catalyseur en mobilisant les citoyens et en exigeant du changement ;

179. 2- Surveillance de l'exécutif : Les partis politiques d'opposition ont la responsabilité de surveiller les actions de l'exécutif et de signaler les cas de corruption potentiels. Ils peuvent utiliser les mécanismes démocratiques pour poser des questions, demander des comptes et demander des enquêtes sur les allégations de corruption. Les partis politiques peuvent également travailler en collaboration avec les médias et les organisations de la société civile pour exposer les cas de corruption et maintenir la pression sur les responsables afin d'obtenir des actions judiciaires.

180. 3- Rigueur dans la sélection des candidats : Les partis politiques ont la responsabilité de sélectionner des candidats intègres et compétents lors des processus électoraux. Ils doivent mettre en place des mécanismes de sélection sérieux qui évaluent la moralité, la compétence et l'engagement envers la lutte contre la corruption des candidats. En choisissant des candidats exemplaires, les partis politiques envoient un message clair sur leur engagement envers l'intégrité et la probité ;

181. 4- Plaidoyer pour des réformes législatives : Les partis politiques peuvent jouer un rôle actif dans la promotion de réformes législatives visant à prévenir la corruption. Ils peuvent proposer des lois plus strictes, des mécanismes de contrôle renforcés et des mesures de transparence accrue. Les partis politiques peuvent également plaider pour une plus grande indépendance des organes de contrôle et pour des sanctions plus sévères contre les auteurs de corruption.

Les partis politiques peuvent jouer un rôle crucial pour promouvoir une culture politique de transparence, d'intégrité et de responsabilité, et pour renforcer la confiance du public dans le système politique.

PARAGRAPHE II : LA PRISE EN COMPTE DES PETITES CORRUPTIONS

182. La lutte contre la petite corruption, également connue sous le nom de corruption de bas niveau ou de corruption quotidienne, nécessite des mécanismes spécifiques adaptés à sa nature. C'est un type de corruption qui passe souvent inaperçu en raison de sa fréquence régulière, la modicité des sommes en jeu et l'inoffensivité apparente de son mécanisme.

183. La petite corruption est parfois exprimée aù moyen du terme « corruption bureaucratique », qui implique la participation d'agents de l'administration publique et de représentants non élus. Au nombre des actes de petite corruption, mentionnons les pots-de-vin payés aux responsables de l'exécution de la loi, au personnel des douanes, aux fournisseurs de services de santé et à d'autres représentants de gouvernement. Les paiements de facilitation, aussi dits « d'accélération », tombent dans cette catégorie.[127]

184. Pour inverser la tendance, il faut multiplier des mesures d'atténuation telles que :

1. **La sensibilisation et l'éducation** : La sensibilisation et l'éducation sont des mécanismes clés pour lutter contre la petite corruption. Il est important de sensibiliser le public aux conséquences néfastes de la corruption et de promouvoir des valeurs d'intégrité et de transparence. Des campagnes de sensibilisation peuvent être menées pour informer les citoyens sur leurs droits et les encourager à refuser de participer à des actes de corruption.
2. **Simplification des procédures administratives :** La complexité excessive des procédures administratives crée un environnement propice à la petite corruption. En simplifiant les procédures et en rendant les interactions avec les administrations publiques plus transparentes et efficaces, on réduit les opportunités de corruption.
3. **L'utilisation des technologies :** Les technologies de l'information et de la communication peuvent être utilisées pour réduire la corruption de bas niveau. Par exemple, la numérisation des services publics peut réduire

[127] Définitions de la corruption - Résumé de recherche no48, disponible ce jour 06/07/23 sur https://www.securitepublique.gc.ca/cnt/rsrcs/pblctns/rgnzd-crm-brf-48/index-fr.aspx

les interactions directes entre les citoyens et les fonctionnaires, réduisant ainsi les opportunités de corruption. Les plateformes en ligne peuvent également être utilisées pour signaler les cas de corruption de manière anonyme.

185. Il est essentiel de combiner ces mécanismes avec des efforts politiques et institutionnels visant à promouvoir une culture d'intégrité, à renforcer les institutions chargées de la lutte contre la corruption et à garantir la responsabilité des acteurs publics. Ensemble, ces mécanismes contribuent à réduire la petite corruption et à promouvoir une gouvernance plus transparente et responsable.

CHAPITRE II :

L' ADOPTION DE MÉCANISMES INNOVANTS

186. Le caractère asymétrique de la lutte contre la corruption n'est plus à démontrer. Pour faire face à ce problème complexe, il est nécessaire d'adopter des mécanismes innovants et efficaces. Deux de ces mécanismes sont nécessaires dans le contexte guinéen, la création d'un parquet national financier (PNF) **(Section I)** et la mise en place d'un environnement favorable à la lutte contre la corruption **(Section II).**

SECTION I : La création d'un parquet national financier

187. La création d'un parquet national financier peut jouer un rôle crucial dans la lutte contre la corruption. Un tel organe spécialisé peut être chargé d'enquêter, de poursuivre et de juger les affaires de corruption à grande échelle. En étant indépendant et doté de ressources adéquates, un parquet national financier peut enquêter de manière approfondie sur les cas de corruption, poursuivre les responsables et les traduire en justice de manière transparente. Cela envoie un message fort selon lequel personne n'est au-dessus de la loi et renforce la confiance des citoyens dans le système judiciaire. C'est la clé de voûte même de l'amélioration de la lutte contre la

corruption et la délinquance économique et financière[128]. La création d'un parquet national financier se présente comme une mesure justifiée au regard des enjeux actuels de la gouvernance (**Paragraphe I**), mais également comme une mesure adaptée à la situation guinéenne **(Paragraphe II).**

PARAGRAPHE I : UNE MESURE JUSTIFIÉE AU REGARD DES ENJEUX

188. La bonne gouvernance, tant dans le secteur public que privé, est une question essentielle pour assurer la transparence, la responsabilité et la confiance dans nos institutions. Dans ce contexte, la création d'un Parquet national financier (PNF) se présente comme une mesure justifiée et nécessaire. Le PNF, en tant qu'organe spécialisé dans la lutte contre les crimes financiers, offre une réponse adéquate aux enjeux actuels en matière de gouvernance. Son établissement s'avère être une décision opportune et légitime. Il peut contribuer à :

189. 1- l'Harmonisation des actions : La gouvernance est souvent confrontée à des défis complexes et transnationaux, nécessitant une coordination étroite entre les autorités nationales (l'ensemble des organismes concourant à la lutte contre la corruption) et internationales. La création d'un PNF permet de renforcer cette coopération en facilitant l'échange d'informations et la coordination des enquêtes. En tant qu'interlocuteur centralisé, le PNF peut jouer un rôle d'interface entre les différentes parties prenantes et faciliter la résolution des problèmes liés à la gouvernance à l'échelle nationale et

[128] Propos de Christiane TAUBIRA, ancienne Ministre de la Justice de France, in la Corruption et droit pénal, page 72.

internationale. Manifestation éclatante de la volonté politique d'endiguer le phénomène, le PNF renforcera la crédibilité du système judiciaire et permettra la coopération transnationale, ce qui permettra de saisir éventuellement des avoirs issus de corruption, mais cachés à l'étranger ;

190. 2- Une Expertise spécialisée : Les enjeux financiers et économiques deviennent de plus en plus complexes, nécessitant une expertise spécialisée pour les analyser et les comprendre. Le PNF réunira des magistrats spécialisés dans les crimes financiers, qui disposent d'une connaissance approfondie des mécanismes de fraude, de blanchiment d'argent et de délits similaires. Cette expertise spécialisée garantit une meilleure compréhension des enjeux liés à la gouvernance et une prise de décision éclairée et rapide ;

191. 3- Renforcement de la crédibilité : La création d'un PNF renforce la crédibilité du système judiciaire en matière de gouvernance. En séparant clairement les responsabilités et en accordant une attention spécifique aux affaires financières, le PNF démontre l'engagement des autorités à lutter contre les infractions financières. Cela contribue à rétablir la confiance des citoyens et des acteurs économiques dans le système judiciaire, renforçant ainsi la légitimité de la gouvernance.

192. La corruption est un fléau qui mine la confiance des citoyens envers les institutions et les entreprises. Un PNF doté de compétences spécifiques en matière de détection, d'enquête et de poursuite des infractions financières peut jouer un rôle clé dans la lutte contre la corruption. En concentrant ses ressources sur ce domaine, le PNF peut garantir une action efficace et rapide, tout en envoyant un message fort selon lequel la corruption ne sera pas tolérée.

193. Dans un contexte où la transparence et la responsabilité sont des exigences de plus en plus pressantes, la création d'un Parquet national financier apparaît comme une mesure justifiée pour faire face aux enjeux actuels de la gouvernance. C'est une mesure adaptée à la Guinée **(Paragraphe II)**.

PARAGRAPHE II : UNE MESURE ADAPTÉE A LA SITUATION

194. La création d'un parquet national financier est indispensable dans un pays où la corruption est endémique comme la Guinée. Lorsque la corruption sévit à grande échelle comme cela semble être le cas en Guinée, il est impératif de mettre en place un organe spécialisé et indépendant pour combattre efficacement ce fléau. Un parquet national financier disposera des ressources, des compétences et de l'autorité nécessaires pour enquêter, poursuivre et juger les cas de corruption à grande échelle. Il agit en tant que rempart contre l'impunité en s'assurant que les auteurs de méfaits financiers soient tenus responsables de leurs actes. Grâce à son indépendance, un parquet national financier peut mener des enquêtes approfondies sans ingérence politique, garantissant ainsi l'impartialité et la crédibilité du processus.

195. La création d'un tel organe envoie un message d'intolérance clair aux citoyens, aux entreprises et aux acteurs politiques vis-à-vis de la corruption. Cela renforce la confiance dans les institutions et démontre la volonté du pays de lutter contre ce fléau qui entrave le développement économique, détourne les ressources publiques et nuit à la confiance des investisseurs.

196. Un parquet national financier permet également une meilleure coordination des efforts de lutte contre la

corruption. En rassemblant des experts spécialisés en matière financière, juridique et d'enquête, il facilite la collaboration avec d'autres institutions, telles que les organismes de réglementation financière, les autorités fiscales et les forces de l'ordre. Cela favorise une approche intégrée et globale pour combattre la corruption et accroît les chances de succès dans la lutte contre ce fléau.

SECTION II : Création d'un environnement favorable a la lutte

197. Pour favoriser la lutte contre la corruption, il est important de créer un environnement favorable à la réussite. Cela peut inclure des réformes législatives visant à renforcer les lois anticorruptions, à prévenir les conflits d'intérêts et à garantir la transparence dans les affaires publiques. Il est également crucial de promouvoir la responsabilité et l'intégrité dans les secteurs public et privé en encourageant la mise en place de codes de conduite, de mécanismes de dénonciation et de systèmes de contrôle interne. Pour assurer un environnement plus sûr, il faut adopter des mécanismes de protection des lanceurs d'alertes **(Paragraphe I)**, mais également l'adoption des mesures législatives favorables à la coopération des repentis de la corruption et améliorant les conditions de vie des fonctionnaires **(Paragraphe II)**.

PARAGRAPHE I : LA PROTECTION DE TÉMOINS, DE LANCEURS D'ALERTES ET AUTRES

198. La lutte contre la corruption est un enjeu crucial pour la justice dans nos sociétés. Les témoins et les lanceurs d'alertes jouent un rôle essentiel dans la dénonciation des actes de corruption, exposant souvent

leur vie et leur sécurité en prenant position contre des individus puissants et influents. Afin de garantir leur protection et de favoriser leur engagement, il est impératif de renforcer les mesures de protection en leur faveur.

199. C'est une protection essentielle pour plusieurs raisons. Les lanceurs d'alerte jouent un rôle crucial en exposant les actes de corruption et en fournissant des informations précieuses aux autorités compétentes. Leur contribution est souvent vitale pour détecter et mettre fin à des pratiques illicites qui peuvent nuire gravement à l'économie, à la gouvernance et à la société dans son ensemble.

200. Cependant, les lanceurs d'alerte font souvent face à de nombreux risques et représailles pour avoir révélé des informations sensibles. Ils peuvent être exposés à des représailles professionnelles, des poursuites judiciaires, des menaces à leur sécurité physique pouvant être mortelles. Cela crée un climat de peur qui dissuade de nombreux individus de dénoncer la corruption, quand bien même qu'ils en auraient été témoins volontaires ou non, ce qui a un impact négatif sur les efforts de lutte contre ce fléau.

201. Pour remédier à cette situation, il est crucial d'adopter des mesures visant à protéger les lanceurs d'alerte. Cela peut inclure des lois spécifiques garantissant leur anonymat, offrant une protection juridique contre les représailles, mettant en place des mécanismes de signalement confidentiels et fournissant un soutien financier et psychologique aux lanceurs d'alerte. L'adoption de la Loi ordinaire L/2022/013/CNT du 23 septembre 2022, fixant les règles de protection des victimes, des témoins et des autres personnes en situation de risque par le Conseil national de la transition (CNT) est une avancée majeure, cette loi est un début vers la sécurisation des témoignages, la manifestation des

lanceurs d'alertes et la fin de l'omerta dans la dénonciation des délits d'atteintes à la probité.

202. Cette loi dispose en son article 2 : *« La protection des victimes, des témoins et d'autres personnes en situation de risque, vise à préserver leur sécurité, leur dignité et leur bien-être physique et psychologique, ainsi qu'à assurer le respect de leur vie privée. Les mesures de protection sont proportionnelles à la gravité du risque qui menace la personne à protéger. Elles sont adoptées avec le consentement éclairé des personnes qui en sont bénéficiaires. »*[129], ce qui revient à dire que désormais, des personnes disposant des informations utiles pouvant aider la justice à sévir contre la délinquance financière ont un moyen d'échapper aux représailles de la part des personnes dénoncées.

203. En protégeant les lanceurs d'alerte, nous encourageons un environnement propice à la dénonciation de la corruption, ce qui permet de prévenir et de combattre plus efficacement ce problème. Les mesures de protection des lanceurs d'alerte sont donc une nécessité pour garantir à la lutte, une chance de réussir.

PARAGRAPHE II : MESURES LÉGISLATIVES INCITATIVES FAVORABLES A LA COOPÉRATION DES REPENTIS ET L' AMÉLIORATION DES CONDITIONS DE VIE DES FONCTIONNAIRES

204. Gagner le pari contre la corruption exige de nombreux efforts et méthodes. L'un des meilleurs moyens consiste à adopter des mécanismes législatifs permettant à certains délinquants à se repentir (A), un autre et non des

[129] La Loi ordinaire L/2022/013/CNT du 23 septembre 2022, fixant les règles de protection des victimes, des témoins et des autres personnes en situation de risque

moindres consiste également à créer des conditions de vie meilleure aux fonctionnaires de l'administration publique (B).

À- MESURES LÉGISLATIVES INCITATIVES FAVORABLES A LA COOPÉRATION DES REPENTIS

205. Un repenti est une personne poursuivie ou condamnée pénalement qui choisit de collaborer avec la justice en dénonçant d'autres délinquants pour bénéficier des avantages sur le plan pénal (réduction de peine ou modalités d'exécution de la condamnation plus avantageuse)[130].

206. La corruption exige un certain génie, un schéma élaboré et bien huilé ; ce qui nécessite souvent l'association de plusieurs individus afin d'échapper aux radars de la surveillance des organismes de lutte. Pour donc briser cette association de malfaiteurs, il faut parfois nécessairement bénéficier de la collaboration des individus ayant appartenu à ces associations. C'est en cela que le recours à des mécanismes de réduction de peines, selon certains cas et le degré d'implication des concernés, l'abandon de poursuites ou toutes autres mesures visant à encourager les délinquants à se dénoncer et à permettre à la justice de mettre la main sur d'autres délinquants plus dangereux semblent utiles pour endiguer le phénomène.

207. La nécessité de mesures législatives incitatives, pour favoriser cette voie alternative, un chemin où la rédemption est possible, dans la lutte contre la corruption présente plusieurs avantages. Tout d'abord, cela encourage les individus impliqués dans des actes de corruption à se repentir et à coopérer avec les autorités chargées des

---

[130] Jean-Pierre BUYLE, avocat belge ; disponible ce jour 10/07/2023 sur https://criminal.buylelegal.be/l-equipe/jean-pierre-buyle

enquêtes, à la révélation d'informations cruciales sur des actes de corruption, des réseaux et des complices, ce qui facilite les enquêtes et les poursuites judiciaires. Les repentis peuvent également contribuer à la récupération des avoirs illégalement acquis, ce qui permet de restituer les fonds volés à leur propriétaire légitime qui est souvent l'État, et quelques fois les individus.

208. En Belgique, l'article 216/1 du code de l'instruction criminelle dispose : « Si les nécessités de l'enquête l'exigent et si les autres moyens d'investigation ne semblent pas suffire à la manifestation de la vérité, le procureur du Roi peut faire une promesse dans le cadre de l'exercice de l'action publique, de l'exécution de la peine ou de la détention à toute personne qui fait des déclarations substantielles, révélatrices, sincères et complètes concernant la participation de tiers et, le cas échéant, sa propre participation, au sujet d'infractions commises ou ayant fait l'objet d'une tentative, visées à l'article 90ter, §§ 2 à 4, et énoncées dans un mémorandum. La faculté visée au présent chapitre appartient aussi, pour les mêmes infractions, à l'auditeur du travail, au procureur fédéral et au procureur général en degré d'appel et, pour les personnes visées aux articles 479 et 483 au procureur général près la cour d'appel."[131]. »

209. Ces mesures sont cruciales, pour encourager ceux qui ont fait face à leurs responsabilités, leur offrir une chance de réintégration dans la société, avec une nouvelle

[131] 22 JUILLET 2018. - Loi modifiant le Code d'instruction criminelle en ce qui concerne les promesses relatives à l'action publique, à l'exécution de la peine ou à la détention consenties à la suite d'une déclaration dans le cadre de la lutte contre la criminalité organisée et le terrorisme

perception. Mais attention, l'équilibre est nécessaire, pour ne pas encourager l'injustice ou le sentiment d'une grande largesse. Il est important que le recours à cette approche soit le seul moyen pour faire aboutir l'enquête. Ces mesures doivent être justes et transparentes, afin de préserver l'intégrité et la confiance du public.

B- L'AMÉLIORATION DES CONDITIONS DE VIE DES FONCTIONNAIRES

210. Pour lutter efficacement contre le phénomène de la corruption, il est crucial de comprendre ses racines et de mettre en place des mesures appropriées. L'une de ces mesures est de garantir une rémunération adéquate aux fonctionnaires ; la nécessité de mieux payer les fonctionnaires afin de réduire la corruption apparaît nécessaire pour un meilleur résultat.

211. Un faible taux de rémunération est favorable à la corruption : La rémunération inadéquate des fonctionnaires crée un environnement propice à la corruption. Les bas salaires peuvent conduire à des tentations financières et pousser certains employés à accepter des pots-de-vin ou en proposer pour subvenir à leurs besoins. La corrélation entre les niveaux de salaires bas et la fréquence de la corruption n'est pas sujette à démonstration. Une rémunération insuffisante crée une motivation financière pour se livrer à des actes illégaux.

212. Alors qu'une meilleure valorisation du travail contribue inexorablement à réduire le risque de corruption : une rémunération adéquate renforce la valorisation du travail des fonctionnaires. Des salaires compétitifs attirent des individus qualifiés, compétents et intègres, qui sont moins enclins à se laisser tenter par des pratiques corrompues. En offrant une rémunération juste,

l'État envoie un signal fort quant à l'importance accordée aux services publics et à l'intégrité de ses fonctionnaires. Cela favorise un sentiment de fierté professionnelle et encourage un comportement éthique.

213. Par ailleurs, une rémunération adéquate réduit les incitations à se livrer à des actes corrompus. Lorsque les fonctionnaires sont rémunérés de manière juste, ils sont moins enclins à chercher des moyens illicites d'augmenter leurs revenus. Des salaires décents permettent aux fonctionnaires de subvenir à leurs besoins et à ceux de leur famille, réduisant ainsi leur vulnérabilité financière et leur tentation de recourir à la corruption.

214. Des salaires attractifs peuvent contribuer à attirer des candidats compétents et honnêtes, renforçant ainsi les mécanismes de contrôle internes. Des fonctionnaires bien rémunérés sont plus susceptibles de s'investir pleinement dans leur travail et de participer activement à la lutte contre la corruption. En augmentant la rémunération, il est possible de mettre en place des systèmes de surveillance plus rigoureux et de procéder à des contrôles financiers plus fréquents, réduisant ainsi les opportunités de corruption.

Conclusion

151. En conclusion, cette étude révèle la complexité de la lutte contre le fléau de la corruption, le comportement de plus en plus futé des personnes corrompues rend encore la tâche plus difficile. Sans oublier le fait que les acteurs censés mener la lutte contre la corruption ne sont non seulement pas à l'abri de la corruption, ils ne sont pas non plus dans des conditions leur permettant d'accomplir correctement l'immense tâche qui est la leur.

152. Pour rappel, l'organe chargé de la lutte contre la corruption bien que créé et fonctionnel, manque encore de nombreux instruments juridiques lui permettant de fonctionner à plein régime principalement des textes d'application, la mise en place d'un conseil d'orientation qui tarde à se concrétiser, définir clairement les modalités de déclaration des biens, les mesures de protection des lanceurs d'alerte pour ne citer que ça.

153. Mais il faut noter que la Guinée vient de loin et que même si les réformes tardent à produire les effets escomptés, leur amorce est en soi une avancée à saluer et à encourager. Des avancées sur lesquelles il faut capitaliser et accentuer par des réformes encore plus ambitieuses.

154. Pour gagner le pari de la lutte contre la corruption et les infractions assimilées et rendre le climat des affaires plus attractif, il faut nécessairement instaurer une culture de l'obligation de reddition compte des gestions de la part des dirigeants, imposer le principe d'exemplarité en matière d'éthique, sensibiliser la jeunesse sur le danger de

la corruption sur son avenir, instaurer des concurrences saines dans l'attribution des marchés publics, renforcer les organes de lutte contre la corruption en les rendant plus autonomes tout en accentuant la collaboration entre les organes de l'État intervenant dans la lutte, former les magistrats intervenant dans la lutte et adopter des lois plus sévères contre les crimes économiques et financiers.

155. Il faut également adopter des mesures législatives incitatives permettant aux repentis de bénéficier de la clémence de la justice contre leur collaboration avec la justice ; des transactions juridictionnelles incitatives seulement pour certaines catégories de délinquants qui peuvent favoriser un large recouvrement des produits spoliés à l'État.

146. Pour finir, il faut prendre conscience de l'urgence de lutter contre la corruption et les infractions assimilées et de sa complexité, en prenant en compte des réformes opérées ailleurs qui ont porté des fruits. L'instauration des référents déontologues[132] au sein des structures de l'État, des collectivités locales, des établissements publics et encourager les entreprises à en faire de même peut être un autre moyen efficace pour opérer un changement de mentalité.

[132] France, institué par le décret n°2017-519 du 10 avril 2017 relatif au référent déontologue dans la fonction publique, Le référent déontologue est chargé d'apporter à tout agent public (fonctionnaire ou contractuel) qui le demande des conseils utiles au respect des principes déontologiques de la fonction publique ; https://www.service-public.fr/particuliers/vosdroits/F35129

REMERCIEMENT

Je rends grâce à **Allah** (Ajja wa djalla) pour sa miséricorde, la santé et la sérénité d'esprit qu'il m'a accordé pour la réalisation de ce travail.

Beaucoup de personnes ont contribué à créer autour de moi un climat favorable afin que je réussisse ce travail ; sans être exhaustif, je tiens à mentionner en espérant que chacun y trouve son compte, ma chère et tendre épouse, **Aminata MARA**, la source de mon bonheur au quotidien, pour sa présence dans les moments de doute pour me rappeler à quel point j'ai de la valeur ;

À tous mes amis **l'Intelligentsia 3.0**, ce vivier d'intelligence, à leur côté, je suis obligé d'être compétitif ;

À mes frères **Mamadi et Sidiki DIAKITÉ**, pour le soutien en tout genre, mon père serait fier de vous. Qu'il repose en paix Amin !

Et enfin, je remercie tous les anonymes qui participent à nous fortifier.

BIBLIOGRAPHIE

I- OUVRAGES

- Corruption et Droit pénal, Jean Paul CÉRÉ et Carlos Eduardo JAPIASSU, Édition l'Harmattan
- Droit pénal spécial, Jean PRADEL et Michel DANTI-JUAN, 6e Édition, Édition Cujas 2014
- Droit pénal des affaires, Michel VERON, 11ème éditions, Édition DALLOZ, 2016
- Droit pénal général, Jean PRADEL, 20e Édition, Édition Cujas 2014
-

II- ARTICLES

- De la génération et de la corruption, Platon, Traduction de Charles MUGLER, les belles lettres, Paris, 1966
- SOUZA, Artur de Brito Gueiros. Breves consideraçaos sobre a corrupçao em transaçaos commerciais internacionais. In JAPIASSÙ, Carlos Eduardo Adriano (org.). Direito penal internacional, estrangeiro e comparado.

III- BASES LÉGALES

- Loi n° 2016/059/AN portant Code pénal
- La loi L/2017/041/AN du 04 juillet 2017 portant prévention, détection et répression de la corruption et des infractions assimilées
- La loi L/2019/0027/AN du 09 juin 2019, portant statut général des agents de l'État
- La loi L/2018/N° 025/AN portant organisation générale de l'Administration publique
- La loi L 2015/N° 019/AN portant organisation judiciaire en République de Guinée

- La loi organique L/2013/046/CNT du 18 janvier 2013 portant organisation, attributions et fonctionnement de la Cour des comptes et le régime disciplinaire de ses membres

- La loi ordinaire L2021/024//AN relative à la lutte contre le blanchiment de capitaux et le financement du terroriste en République de Guinée

- La loi L/2011/009/AN, du 6 décembre 2011 autorisant la ratification de la convention des Nations unies contre la corruption

- La loi L 2019/0027/AN/ statut général des agents de l'État

- Loi L/2021/024/AN du 17 août 2021 portant lutte contre le blanchiment de capitaux et le financement du terrorisme,

- Loi ordinaire L/2022/013/CNT du 23 septembre 2022, fixant les règles de protection des victimes, des témoins et des autres personnes en situation de risque ;

- La Loi ordinaire L/2022/013/CNT du 23 septembre 2022, fixant les règles de protection des victimes, des témoins et des autres personnes en situation de risque ;

- Ordonnance N° 2021/0007/PRG/CNRD/SGG portant création, compétence, organisation et fonctionnement la Cour de répression des infractions économiques et financières

- Décret n° 2014/169/PRG/SGG du 22 juillet 2014, portant attributions de la Personne Responsable des Marchés Publics

- Convention de l'Union africaine contre la corruption

- Convention des Nations Unies contre la corruption

TABLE DES MATIÈRES

Structures éditoriales du groupe L'Harmattan

L'Harmattan Italie
Via degli Artisti, 15
10124 Torino
harmattan.italia@gmail.com

L'Harmattan Hongrie
Kossuth l. u. 14-16.
1053 Budapest
harmattan@harmattan.hu

L'Harmattan Sénégal
10 VDN en face Mermoz
BP 45034 Dakar-Fann
senharmattan@gmail.com

L'Harmattan Cameroun
TSINGA/FECAFOOT
BP 11486 Yaoundé
inkoukam@gmail.com

L'Harmattan Burkina Faso
Achille Somé – tengnule@hotmail.fr

L'Harmattan Guinée
Almamya, rue KA 028 OKB Agency
BP 3470 Conakry
harmattanguinee@yahoo.fr

L'Harmattan RDC
185, avenue Nyangwe
Commune de Lingwala – Kinshasa
matangilamusadila@yahoo.fr

L'Harmattan Congo
67, boulevard Denis-Sassou-N'Guesso
BP 2874 Brazzaville
harmattan.congo@yahoo.fr

L'Harmattan Mali
Sirakoro-Meguetana V31
Bamako
syllaka@yahoo.fr

L'Harmattan Togo
Djidjole – Lomé
Maison Amela
face EPP BATOME
ddamela@aol.com

L'Harmattan Côte d'Ivoire
Résidence Karl – Cité des Arts
Abidjan-Cocody
03 BP 1588 Abidjan
espace_harmattan.ci@hotmail.fr

L'Harmattan Algérie
22, rue Moulay-Mohamed
31000 Oran
info2@harmattan-algerie.com

L'Harmattan Maroc
5, rue Ferrane-Kouicha, Talaâ-Elkbira
Chrableyine, Fès-Médine
30000 Fès
harmattan.maroc@gmail.com

Nos librairies en France

Librairie internationale
16, rue des Écoles – 75005 Paris
librairie.internationale@harmattan.fr
01 40 46 79 11
www.librairieharmattan.com

Librairie l'Espace Harmattan
21 bis, rue des Écoles – 75005 paris
librairie.espace@harmattan.fr
01 43 29 49 42

Lib. sciences humaines & histoire
21, rue des Écoles – 75005 paris
librairie.sh@harmattan.fr
01 46 34 13 71
www.librairieharmattansh.com

Lib. Méditerranée & Moyen-Orient
7, rue des Carmes – 75005 Paris
librairie.mediterranee@harmattan.fr
01 43 29 71 15

Librairie Le Lucernaire
53, rue Notre-Dame-des-Champs – 75006 Paris
librairie@lucernaire.fr
01 42 22 67 13

www.ingramcontent.com/pod-product-compliance
Lightning Source LLC
LaVergne TN
LVHW051351061026
849535LV00009B/3125
9782336440941